Nuevo Diccionario de bolsillo

Best

Inglés-Español
Español-Inglés

ISBN-0-929281-01-2

a (e)un/una
abandon (abándon) abandonar/dejar
able (éibol) capaz
about (abáut) acerca de
above (abóuv) arriba/encima
absent (ábsent) ausente/distraído
abuse (abíus) maltrato/abuso
academy (acádemi) academia
accent (áccent) acento
accept (accépt) aceptar
accessory (accésori) accesorio
access (ácces) acceso
accident (áccident) accidente
accidental (accidéntal) casual/accidental
accounting (acáunting) contabilidad
accumulate (aquíumiuleit) acumular
accusation (aquiuséichion) acusación
accuse (aquíus) acusar
accused (aquíusd) acusado
accuser (aquíuser) acusador
accustomed (acóstomd) acostumbrado
acid (ácid) ácido
acquire (acuáiar) adquirir
act (áct) acto
action (ácchion) acción
activate (activéit) activar
adaptable (adáptabol) adaptable
add (ad) añadir/sumar
address (ád-dres) dirección
adjust (adllóst) ajustar
adjustment (adllóstment) ajuste
admire (admáiar) admirar
admit (admít) admitir
adult (ádolt) adulto
advance (adváns) avance/adelanto
advantage (advántach) ventaja
adverb (ádverb) adverbio
advertisement (advertáisment) anuncio
advice (adváis) aconsejar/consejo

adviser (adváiser) consejero
aerial (aérial) aéreo
affect (aféct) afectar
affection (afécchion) cariño/afecto
affirm (afírm) afirmar
affix (afíx) adherir
afflict (aflíct) afligir
after (áfter) después/detrás de/al cabo de
age (éich) edad
agency (éillenci) agencia
agent (éillent) agente
aggravating (agrevéiting) agravante
aggression (agréchion) agresión
aggressive (agrésiv) agresivo
aggressor (agrésor) agresor
agile (állil) ágil
agility (allíliti) agilidad
agony (ágoni) agonía
agrarian (agrárian) agrario
agree (agrí) acordar
agreement (agríment) pacto/acuerdo
agronomist (agrónomist) agronomista
ahead (egéd) adelante
air (éar) aire
airplane (éarplein) avión
airport (éarport) aeropuerto
alarm clock (alárm clok) despertador
alarm (alárm) alarma
album (álbum) album
alcohol (alcojól) alcohol
align (aláin) alinear
alike (aláik) parecido
alive (aláif) vivo/viva
all (ol) todo
allergy (álerlli) alergia
alloy (áloi) aleación
almanac (álmanac) almanaque
almond (álmond) almendra
alphabet (álfabet) alfabeto/abecedario

3

already (olrédi) ya
also (ólso) también
alternator (alternéitor) alternador
although (óldo) aunque
aluminum (alúminun) aluminio
ambition (ambíchion) ambición
amount (amáunt) importe
anchor (áncor) ancla
and (and) y
anger (ánguer) cólera
angle (ánguel) ángulo
angry (ángri) enojado/molesto/indignado
another (anóder) otro/a
answer (ánser) contestar/respuesta
anyone (éniuan) cualquiera
anywhere (éniuer) donde quiera
apart (apárt) aparte
aperture (áperchur) abertura
appear (apíar) aparecer/comparecer
apple (ápel) manzana
apply (aplái) aplicar
appointment (apóinment) cita
approve (aprúf) aprobar
April (éipril) abril
apron (éipron) delantal
argue (árguiu) discutir
arm (arm) brazo
armpit (ármpit) sobaco
army (ármi) ejército
around (aráond) alrededor
arrange (arreínch) arreglar/ordenar
arrival (arráival) llegada
arrive (arráiv) llegar
as (as) como
ash (ach) ceniza
ashtray (áchtrei) cenicero
ask (ask) preguntar/pedir
aspect (áspect) aspecto/facha
assault (asólt) agredir

4

assembly (asémbli) montaje
assistant (asístant) ayudante
attached (atáchd) adjunto
attitude (átitud) actitud
attract (atráct) atraer
August (ógost) agosto
aunt (ont) tía
automobile (ótomobil) automóvil
available (avéilabol) obtenible
avenue (áveniu) avenida
avocado (avocádo) aguacate
avoid (avóid) eludir/evitar
away (euéi) lejos/a lo lejos
ax (ax) hacha
axle (áxel) eje
baby (béibi) bebé
back (back) espalda/dorso/parte posterior

bad (bad) malo
bag (bag) bolsa/saco/cartera/cartucho
bail (béil) fianza
baggage (bágueich) equipaje
bake (béik) hornear
baker (béiquer) panadero
bakery (béiqueri) panadería
balcony (bálconi) balcón
bald head (bold jed) calva
bald (bold) calvo
ball-point pen (bol póint pen) bolígrafo
ball (bol) bola/pelota
banana (banána) plátano
band (band) banda
bandage (bándeich) venda/vendaje
bank (bank) banco
banker (bánquer) banquero
bar (bar) barra
barb (barb) púa/aguijón
barber (bárber) barbero
barbershop (bárberchop) barbería
barefoot (béarfut) descalzo

bargain (bárguein) ganga
bark (bark) corteza/ladrido
barrel (bárrel) barril
barrier (bárrier) barrera
bartender (barténder) cantinero
base (béis) base
basic (béisic) básico
basin (béisin) palangana
basket (básquet) canasta/cesta
bath (baz) baño
bathtub (báztob) bañera
battery (báteri) acumulador/batería
bay (béi) bahía
be (bi) estar/ser
beach (bich) playa
beak (bik) pico
beam (bim) madero/viga
beard (bíard) barba
beast (bist) bestia
beat (bit) batir
beautiful (biútiful) hermoso/bello
beauty (biúti) belleza
because (bicós) porque/ya que
bed sheet (bed chíid) sábana
bedroom (bédrum) dormitorio
bedspread (bed-spréd) colcha
bee (bíi) abeja
beer (bíar) cerveza
before (bifóar) antes/delante
begin (biguín) comenzar/iniciar
behavior (bijéivior) conducta
behead (bijéd) descabezar
behind (bijáind) atrás
bell pepper (bel péper) ají
bell (bel) timbre/campana
bellow (bélou) fuelle
belly (béli) barriga
belong (bilóng) pertenecer
belt (belt) correa

bench (bench) banco
bend (bend) doblar/agachar/combar
benefit (bénefit) beneficio
bet (bet) apuesta
better (béter) mejor
between (bituín) entre
bevel (bével) bisel/chaflán
bicycle (báisiquel) bicicleta
big box (big box) cajón
big (big) grande
bill (bil) billete/cuenta/factura
bind (báind) unir/juntar/ligar
bird (berd) pájaro
birth (berz) nacimiento
bit (bit) barrena
bite (báit) morder/mordida/picada
bitter (bíter) amargo
black pepper (black/pépper) pimienta
black (blak) negro
blacken (bláquen) ennegrecer
blackmail (blákmeil) chantaje
blacksmith (blákesmiz) herrero
bladder (blader) vejiga
blanket (blanket) frazada/manta
bleach (blich) blanquear
bleed (blíid) sangrar/desangrar
blessing (blésing) bendición
blind (bláind) ciego/cegado
blister (blíster) ampolla
block (block) bloque/cuadra/bloquear
blouse (bláus) blusa
blow (blóu) soplar
blue (blu) azul
board (bóard) abordar/tabla
boat (bóut) bote
body (bódi) cuerpo
boil (bóil) hervir
bolt (bolt) perno/pestillo
bone (bóun) hueso

7

bonus (bónus) bonificación
book (buk) libro
bookcase (bukquéis) librero
bookstore (bukestóar) librería
boot (búut) bota
border (bórder) frontera/orilla/borde
boring (bóuring) aburrido
born (born) nacido
boss (bos) patrón/jefe
bossy (bósi) mandón
both (bóuz) ambos
bother (bóder) molestia
bottle (bótel) botella
bottom (bóron) fondo
box office (box ófis) taquilla
box (box) caja
boy (bói) niño
bracelet (bréislet) manilla/pulso
brain (bréin) cerebro
brake (bréik) frenos/frenar
branch (branch) rama
brass (bras) latón/bronce
brave (bréiv) valiente
bread (bred) pan
break (bréik) romper/partir
breakfast (brékfast) desayuno
breast (brest) pecho/pechuga/seno
breath (brez) aliento
breathe (briz) respiración/aliento
breed (bríid) criar
breeze (bríiz) brisa
brick (brik) ladrillo
bridge (bridch) puente
brief (brif) breve
bring (bring) traer
broken (bróuquen) roto
bronze (bronz) bronce
broom (brum) escoba
broth (broz) caldo

brother (bróder) hermano
brush (broch) cepillo
bucket (bóquet) balde/cubo
buckle (bóquel) hebilla
building (bílding) edificio
bulk (bolk) granel
bulky (bólqui) abultado
bullet (búlet) bala
bunch (bonch) ramo
bundle (bóndel) fardo/bulto
burn (bern) arder/quemarse/quemadura
burning (bérning) abrasador
bury (béri) enterrar/sepultar
bus (bos) autobús
business (bísnes) negocio
but (bot) pero
butler (bótler) mayordomo
butt (bot) colilla
butter (bóter) mantequilla
butterfly (bóterflai) mariposa
button (bóton) botón
buttonhole (bótonjoul) ojal
buy (bái) comprar
buzz (boss) zumbido
by (bái) por/de
cabinet (cábinet) gabinete
cable (quéibol) cable
cage (quéich) jaula
cake (quéik) bizcocho
calamity (calámiti) calamidad
calculate (calquiuléit) calcular
calibrate (calibréit) calibrar
call (col) llamar
can opener (can ópener) abrelatas
can (can) lata
canal (canál) canal
canary (cánari) canario
cancel (cáncel) cancelar
candid (cándid) cándido

C

9

candle (cándel) vela
candy (cándi) caramelo
cane (quéín) bastón/caña
canopy (cánopi) dosel
cap (cap) gorra/tapa
capital (cápital) capital
captive (cáptiv) cautivo
capture (cápchur) captura
caramel (cáramel) caramelo
carburator (carburéitor) carburador
card (card) tarjeta/carta (de jugar)
carboard (carbóard) cartón
care (quéar) cuidado
carpenter (cárpenter) carpintero
carpet (cárpet) alfombra
carry (cárri) llevar
carve (carv) tallar
case (quéis) caso
cash (cach) contado
cashier (cachíar) cajero
castle (cásel) castillo
cat (cat) gato
catalogue (cátalog) catálogo
category (cátegori) categoría
catholic (cázolic) católico
cause (cos) causa
caution (cóchion) precaución/cautela
cavity (cáviti) cavidad
capsule (cápsul) cápsula
cell (cel) celda
cement (simént) cemento
cemetery (sémeteri) cementerio
cent (cent) centavo
center (cénter) centro
central (céntral) central
century (cénturi) siglo
cereal (síreal) cereal
chain (chéin) cadena/serie
chair (chéar) silla

10

challenge (chálench) desafío/reto
chamber (chéimber) cámara
chamfer (chamfer) chaflán
change (chéinch) cambio/cambiar
chapel (chápel) capilla
chapter (chápter) capítulo
character (cáracter) carácter
charge (chárch) cargo
charity (cháriti) caridad
chat (chat) charla
cheap (chip) barato
check (chek) comprobar/cheque
checkbook (chékbuk) chequera
cheek (chíik) mejilla
cheer (chíar) alegrar
cheese (chíis) queso
cherry (chérri) cereza
chest (chest) arca/cofre/pecho
chickpea (chíkpi) garbanzo
chief (chif) jefe
chip (chip) ficha
chisel (chísel) cincel/escoplo
chlorine (clorín) cloro
chocolate (chócolet) chocolate
choice (chóis) alternativa
choking (chóuquing) ahogo
choose (chuss) elegir
chop (chop) chuleta
christmas bonus (crístmas bónus) aguinaldo
cigar (cigár) tabaco
cigarette (cígaret) cigarrillo
cinema (cinéma) cine
cinnamon (sínamon) canela
circle (círquel) círculo
circulation (circuléichion) circulación
citation (saitéichion) citación
citizen (cíticen) ciudadano
city (círi) ciudad
claim (cléim) reclamo

11

clam (clam) almeja
clamp (clamp) abrazadera/grapa
clarity (clláriti) claridad
clash (clach) chocar
class (clas) clase
classify (clasifái) clasificar
classroom (clásrum) aula
clean (clin) limpio
cleaner's (clíners) tintorería
clear (clíar) nítido/despejado/claro
climate (cláimet) clima
clinic (clínic) clínica
clock (clock) reloj de pared
clogged (clogd) tupido
closed (clóusd) cerrado
cloth (cloz) paño/tela
clothes (clóuz) ropa
cloud (cláud) nube
cloudy (cláudi) nublado
clown (cláon) payaso
clutch (clotch) embrague
coal (cóul) carbón
coat (cóut) abrigo
cock (cok) gallo
coconut (cóconut) coco
code (cóud) código
codfish (códfich) bacalao
coffee (cófi) café
coffin (cófin) féretro
coin (cóin) moneda
cold (cold) frío
collapse (coláps) derrumbe
collect (coléct) cobrar/juntar/coleccionar
collision (colíchion) choque
color (cólor) color
colorless (cólorles) incoloro
column (cólum) pilar/columna
comb (comb) peine
come (com) venir

12

comfortable (cónfortabol) cómodo
comment (cóment) comentario
common (cómon) común
companion (compánion) acompañante
company (cómpani) compañía
compare (compéar) comparar
compass (cómpas) compás
complaint (compléint) queja
complete (complít) completo
complex (cómplex) complejo
compound (compáond) compuesto
compress (comprés) comprimir/apretar
concept (cóncept) concepto
condition (condíchion) condición
conditioned (condíchiond) acondicionado
condom (cóndon) condón
confidential (confidénchial) confidencial
confirm (confírm) confirmar
confuse (confíus) confundir
consequence (cónsecuens) consecuencia
consider (consíder) considerar
constant (cónstant) constante
consult (consólt) consulta
contrary (cóntrari) contrario
cookie (cúqui) galleta dulce
cool (cul) fresco/sereno
copper (cóper) cobre
copy (cópi) copia
cord (cord) cordel
cork (cork) corcho
corkscrew (corkescrú) saca corcho
corn (corn) callo/maíz
corner (córner) esquina
correct (corréct) correcto
correction (corrékchion) enmienda
cotter pin (cóter pin) chaveta
cotton (cóton) algodón
count (cáont) contar
counter (cáonter) contador/mostrador

countless (cáontles) incontable
country (cóntri) país
countryside (cóntrisaid) campo
couple (cópel) pareja/par
course (cors) curso
court (cort) juzgado/corte
cousin (cósin) primo
cover (cóver) cubrir/tapar/encubrir
coward (cóuard) cobarde
crab (crab) cangrejo
crack (crak) romperse/abrirse/grieta
cracker (cráquer) galleta (salada)
cramp (cramp) calambre
crane (créin) grúa
crank (crank) manivela
crankshaft (cránchaft) cigüeñal
crate (créit) huacal
cream (crim) crema
crease (criss) doblez
credit (crédit) crédito
creditor (créditor) acreedor
crime (cráim) delito/crimen
crisis (cráisis) crisis
criticism (críticism) crítica
crook (cruk) maleante
cross (cros) cruzar/cruz
crossing (crósing) cruce
crowbar (cróubar) barreta
crowd (craud) multitud
crude (crud) crudo
crumb (cromb) miga
crush (croch) aplastar
crutch (crotch) muleta
cry (crái) llorar
cucumber (quiúcomber) pepino
cup cake (cop quéik) panqué
cupboard (copbóard) alacena
curl (quérl) rizo
curved (quérvd) curvo

14

cushion (cúchion) cojín
custard (cóstard) natilla
custody (cóstodi) custodia
custom (cóstom) aduana/costumbre/uso
customer (cóstomer) cliente
cut off (cot of) desmochar/cortar
cut the hair (cot di jéar) pelar
cut (cot) cortar
cutting edge (cóting edch) filo
cycle (sáiquel) ciclo
dairy (déiri) lechería
dairyman (déiriman) lechero
daisy (déisi) margarita
damage (dámach) avería
dance (dans) bailar/danzar
dandruff (dándruf) caspa
danger (déinller) peligro
dark (dark) oscuro
darn (darn) zurcido/zurzir
date (déit) fecha/dátil
daughter (dórer) hija
day (déi) día
dead (ded) muerto
deaf (def) sordo
death (dez) muerte
debt (debt) deuda
decal (dícal) calcomanía
December (dicémber) diciembre
decide (disáid) decidir
decision (desíchion) decisión
decline (dicláin) decaer/declinar
decoration (decoréichion) decoración
dedicate (dediquéit) dedicar
deduction (didócchion) deducción
deep (díip) profundo
defeat (difít) derrotar
defect (diféct) defecto/desperfecto
defender (difénder) defensor
defense (diféns) defensa

D

15

deficiency (defíchiensi) deficiencia
define (difáin) definir
definitive (defínitiv) definitivo
deflate (difléit) desinflar
deform (defórm) deformado
degree (digrí) grado
delay (diléi) atraso/retraso
delicate (déliquet) delicado
delivery (delíveri) entrega/parto
demand (dimánd) exigir
demolish (demólich) demoler/derrumbar
demolition (demolíchion) demolición
denounce (dináons) denunciar
dense (dens) denso
dent (dent) abolladura/hendidura
dented (dénted) abollado
dentist (déntist) dentista
deny (dinái) denegar/desmentir
deodorant (diódorant) desodorante
department (dipártment) departamento
departure (dipárchur) ida/partida
dependent (dipéndent) dependiente
deposit (dipósit) depositar/ depósito
depression (depréchion) depresión
descent (descént) descenso
desert (désert) desierto
dessert (disért) postre
deserve (disérv) merecer
desire (disáiar) deseo/ganas
desist (desíst) desistir
destroy (distrói) destruir
detergent (ditérllent) detergente
devil (dévil) demonio/diablo
diagram (dáiagram) esquema/diagrama
dial (dáial) discar
diamond (dáimond) diamante
diaper (dáiper) pañal
dice (dáis) dado
dictation (dictéichion) dictado

die (dái) fallecer/morir
diet (dáiet) dieta
difference (díferens) diferencia
difficult (díficolt) dificultad
dilate (dailéit) diluir
dimension (diménchion) dimensión
diminish (dimínich) disminuir
dining room (dáining rum) comedor
director (dairéctor) director
dirt (dert) suciedad/mugre
dirty (déri) sucio/cochino
disagreement (disagríment) desacuerdo
disappear (disapíar) desaparecer
disarrange (disarrénch) desarreglar
disaster (disáster) desastre
discard (discárd) desechar
discharge (dischárch) descarga
discolor (discólor) descolorar
disconnect (disconéct) desconectar
discount (discáont) descuento
discouraged (discóoraechd) desanimado
discover (discóver) descubrir
discredit (discrédit) descrédito/desacreditar
disillusion (disilúchion) desengaño
disinfect (disinféct) desinfectar
disk (disk) disco
dismiss (dismís) destituir
dismount (dismáont) desmontar
disobey (disobéi) desobedecer
disorder (disórder) desorden/desarreglo
dispatch (dispátch) despachar
displace (displéis) desplazar
disqualify (discuálifai) descalificar
dissolve (disólv) disolver
distrust (distróst) desconfianza
ditch (ditch) zanja
diverse (daivérs) diverso
divide (diváid) dividir
docile (dócil) dócil

17

doctor (dóctor) ·médico/doctor
document (dóquiument) documento
dog (dog) perro
doll (dol) muñeca
domestic (doméstic) doméstico
door (dóar) puerta
double (dóbel) doble
doubt (dáubt) duda
dove (dóuf) paloma
dozen (dózen) docena
drain (dréin) desaguar
draw (dróu) tirar de/dibujar/sacar
drawer (dróuer) gaveta
dress (dres) vestido
dressing (drésing) adobo/aliño
drill (dril) taladro
drill bit (dril bit) barrena/broca
drink (drink) beber
drip (drip) gotear
drive (dráif) manejar/conducir
drop (drop) gota
dropper (dróper) gotero
drown (dráon) ahogar
drug (drog) medicina/droga
drug store (drog estóar) droguería
drum (drom) tambor
dry (drái) secar/seco
duck (dok) pato
dumb (domb) bobo/tonto
during (diúring) durante
dust (dost) polvo
duty (diúri) deber/obligación
dig (dig) cavar
each (ich) cada
E
eagerness (íguernes) afán
eagle (íguel) águila
ear (íar) oído/oreja
earlier (érlier) más temprano
early (érli) temprano

18

earn (ern) ganar
earth (erz) tierra/mundo
earwax (íaruax) cerilla
ease (ísi) facilidad
east (ist) este
easy (ísi) fácil/sencillo
eat (it) comer
eccentric (ecséntric) excéntrico
economic (económic) económico
edge (edch) borde/orilla
edition (edíchion) edición
education (eduquéichion) educación
effect (iféct) efecto
effective (iféctiv) efectivo
effort (éfort) esfuerzo
egg (eg) huevo
eggplant (égplant) berenjena
eight (éit) ocho
eighteen (éiting) dieciocho
eighty (éiti) ochenta
either (íder) uno u otro/cualquiera
elastic (elástic) elástico
elbow (élbou) codo
elder (élder) mayor/más viejo
electric (eléctric) eléctrico
electrician (electríchian) electricista
electronic (electrónic) electrónico/a
elegant (élegant) elegante
element (élement) elemento
elementary (eleméntari) elemental
elevator (elevéitor) ascensor/elevador
eleven (iléven) once
eliminate (elímineit) eliminar
else (els) otro/diferente
elsewhere (els-uéar) en otra parte
embarrass (embárras) avergonzar
embroider (embróider) bordar
emery (émeri) esmeril/lija
emergency (emérllenci) emergencia

emit (emít) emitir
emotion (imóuchion) emoción
emotional (imóuchional) emotivo
employ (emplói) emplear
employee (emplollí) empleado
employer (emplóller) empleador
empty (émpti) vacío/vaciar
enamel (enámel) esmalte
enclose (enclóus) adjuntar
end (end) final
endanger (endéinller) poner en peligro
endless (éndles) sin fin
enemy (énemi) enemigo
energetic (enerllétic) energético
energy (énerlli) energía
engage (enguéich) comprometerse
engine (énllin) máquina/motor
engineer (enlliníar) ingeniero/maquinista
English (ínglich) inglés
engrave (engréiv) grabar
enjoy (enllói) gozar de/disfrutar de
enlarge (enlárch) agrandar/ampliar
enough (inóf) bastante
ensure (enchúar) asegurar/garantizar
entangle (entánguel) enredar
enter (énter) entrar/ingresar
enterprise (énterprais) empresa
entire (entáiar) entero
entrance (éntrans) entrada
envelope (énveloup) sobre
envy (énvi) envidia
equal (ícual) igual
equipment (ecuípment) equipo
era (íra) era
erase (iréis) borrar
escort (éscort) acompañante/escolta
establish (estáblich) establecer
evaluate (evaluéit) evaluar
even (íven) plano/liso/aún

evening (ívining) tarde/noche
event (ivént) evento
every (évri) cada/todo
everybody (évribadi) todos/todo el mundo
everyday (évridei) diario/todos los días
evidence (évidens) evidencia
exact (exáct) exacto
exam (exám) examen
example (exámpel) ejemplo
exceed (ecsíd) exceder
exception (ecsépchion) excepción
excess (ecsés) exceso
exchange (exchéinch) intercambio
excuse (exquíus) excusa
execute (exequiút) ejecutar
executive (exéquiutif) ejecutivo
exempt (ecsémpt) exento
exercise (éxersais) ejercicio
exhaust (exóst) agotar
exit (éxit) salida
expel (expél) expulsar/expeler
expense (expéns) gasto
expensive (expénsiv) caro/costoso
experience (expíriens) experiencia
expert (éxpert) experto
expire (expáiar) expirar/terminar
explain (expléin) aclarar
expose (expóus) exponer
express (exprés) expresar
expression (expréchion) expresión
extend (exténd) alargar/extender
extension (exténchion) extensión
extreme (extrím) extremo
eye (ái) ojo
eyebrow (aibráu) ceja
eyeglass (áiglas) espejuelos/gafas
eyelash (ailách) pestaña
eyelid (áilid) párpado
eyewitness (aiuítnes) testigo presencial

21

fabric (fábric) tela/tejido
face (féis) cara/afrontar/encarar
facilitate (facilitéit) facilitar
fact (fact) hecho/realidad
factor (fáctor) factor
factory (fáctory) fábrica
fade (féid) palidecer/marchitarse
fail (féil) fracasar/fallar
failure (féiliur) fracaso
faint (féint) desmayo
fair (féar) correcto/justo/feria
faith (féiz) fe
faithful (féisful) fiel
fake (féik) falso/fingir/simular
fall (fol) caer/caerse/otoño
false (fols) falso
familiar (famíliar) familiar/muy conocido
family (fámili) familia
famous (féimous) famoso
fan (fan) abanico/ventilador
fantastic (fantástic) fantástico
far (far) remoto/lejos/a lo lejos
far away (far euéi) lejos
fare (féar) tarifa de viaje/pasaje
farm (farm) granja
farther (fárder) más lejos
farmer (fármer) campesino
fashion (fáchion) moda
fast (fast) rápido/ayunar
fasten (fásen) fijar/atar/asegurar
fat (fat) gordo/grasa/sebo
fatal (féital) fatal
father (fáder) padre
fatherland (fáderland) patria
fatigue (fatíg) fatiga
faucet (fócet) grifo
fault (folt) falla
favor (féivor) favor
favorite (féivorit) favorito

fear (fíar) miedo
feather (féder) pluma
February (Fébruari) febrero
feed (fid) alimentar
feel (fil) sentir
feeling (fíling) sensibilidad
feet (fít) pies
fellow (félou) compañero
female (fiméil) hembra
feminine (féminin) femenino
fence (fens) cerca/cercado
ferment (fermént) fermentar
fertilizer (feriláizer) abono/fertilizante
fever (fíver) fiebre
few (fiú) pocos/unos cuantos
fiber (fáiber) fibra
field (fild) terreno
fifteen (fíftin) quince
fifth (fif) quinto
fight (fáit) pelea
figure (fíguiur) cifra/forma/figura
file (fáil) archivo/lima
fill (fil) llenar
filling (fíling) relleno
film (film) película
filter (fílter) filtro
find (fáind) encontrar
fine (fáin) fino/multa
finger (fínguer) dedo
fingernail (fínguerneil) uña
fingerprint (fínguerprint) huella digital
finish (fínich) acabar/terminar/concluir
fire (fáiar) fuego/candela/incendio/despedir
fireplace (fáiarpleis) chimenea
fireproof (fáiarpruf) incombustible
firm (firm) firme/fijo/estable
first (ferst) primero
fish (fich) pescado/pescar
fish market (fich márquet) pescadería**

fishhook (fíchjuk) anzuelo
fit (fit) entallar
five (fáif) cinco
fix (fix) componer/arreglar
flag (flag) bandera
flange (flanch) pestaña/reborde
flame (fléim) llama
flash light (flach láit) linterna
flat (flat) chato/plano
flat roof (flat ruf) azotea
flight (fláit) vuelo
floor tile (flóar táil) baldosa
floor (flóar) piso
flour (fláuar) harina
flow (flóu) fluir/manar/circular
flower (fláuer) flor
flower garden (fláuer gárden) jardín
flower pot (fláuer pot) maceta
flu (flu) gripe
fluorescent (fluórecent) fluorescente
flush (floch) al ras/parejo con
fly (flái) volar/mosca/portañuela
foam (fom) espuma
fog (fog) neblina
fold (fold) doblar/plegar/pliegue
follow (fólou) seguir/ir detrás de
food (fud) alimento/comida
foot (fut) pie/pata/pie (medida)
footwear (fut-uéar) calzado
for (for) para
force (fors) fuerza/forzar
foreigner (fóreiner) extranjero
foreman (fórman) capataz
forget (forguét) olvidar
form (form) forma/horma
former (fórmer) precedente/anterior
formula (fórmiula) fórmula/receta
fortune (fórchiun) fortuna
forty (fóri) cuarenta

foundation (faondéichion) cimientos
four (fóar) cuatro
fourteen (fórtin) catorce
fox (fox) zorro
fraction (frákchion) fracción
fragile (frállil) frágil
frame (fréim) marco/bastidor
free (fri) libre/suelto
freckle (fréquel) peca
freeze (friz) helar/congelar
freight (fréit) flete
fresh (frech) fresco
Friday (fráidei) viernes
friend (frend) amigo/a
frog (frog) rana
from (from) desde/de
front (front) frente/delantero
frost (frost) escarcha/helada
fruit (frut) fruta
fry (frái) freír
frying pan (fráillin pen) sartén
fuel (fiúl) combustible
full (ful) lleno/harto
funeral (fiúneral) funeral
funnel (fónel) embudo
funny (fóni) chistoso/divertido
furniture (férnicher) mueble
future (fiúcher) futuro
gadget (gádllet) artefacto/mecanismo
gain (guéin) ganancia
gall (gol) bilis
gall bladder (gol bláder) vesícula biliar
gallery (gáleri) galería
gallon (gálon) galón
game (guéim) juego
gang (gang) pandilla
gangster (gánster) bandido
garage (garách) garaje
garbage (gárbeich) basura

G

25

garden (gárden) jardín
gardener (gárdener) jardinero
gargle (gárguel) gárgara
gas (gas) gas
gas station (gas estéichion) gasolinera
gasoline (gásolin) gasolina
gauze (goz) gasa
gear (guíar) engranar
gearing (guíaring) engranaje
general (lléneral) general
generator (lleneréitor) generador
gentleman (lléntelman) caballero/señor
gently (lléntli) suavemente
get (guét) obtener
get fat (guét fat) engordar
get sick (guét sik) enfermarse
ghost (góust) fantasma
gift (guíft) regalo/obsequio
girdle (guérdel) faja
girl (guérl) niña
girl friend (guérl frend) enamorada/novia
give (guíf) dar
give birth (guíf berz) parir/dar a luz
give credit (guíf crédit) fiar/ dar crédito
glad (glad) feliz/alegre
gland (gland) glándula
glass (glas) vaso/cristal/vidrio
glazed tile (gléisd táil) azulejo
glove (glóuv) guante
glue (glu) cola
go (go) ir
go down (go dáon) descender/bajar
go out (go áut) salir
goal (góul) meta
God (god) Dios
godchild (godcháild) ahijado
godfather (godfáder) padrino
godmother (godmóder) madrina
gold (gold) oro

golden (gólden) dorado
good (gúud) bien/bueno
good bye (gúud bái) adiós
goodness (gúdnes) bondad
governor (góvernor) alcaide
graceful (gréizful) agraciado
grade (gréid) grado
grain (gréin) grano
grandfather (grandfáder) abuelo
grandmother (grandmóder) abuela
granddaughter (grandóter) nieta
grandson (grándson) nieto
granite (granáit) granito
grant (grant) conceder
grape (gréip) uva
grass (gras) hierba
grate (gréit) rallar
gravy (gréivi) salsa
gray (gréi) gris
grease (gris) grasa/engrasar
greater (gréiter) mayor
green (grin) verde
grief (grif) pena
grill (gril) parrilla
grind (gráind) moler
grocery (gróceri) bodega
groove (gruf) ranura/acanalar
group (grup) grupo/agrupación
guarantee (guáranti) garantía
guard (gard) guardia
guess (gués) suponer/adivinar
guest (guést) huésped/invitado
guide (gáid) guía/guiar
gum (gom) encía/engomar
gypsum (llípsum) yeso
habit (jábit) hábito
hail (jéil) granizo/vitorear
hair (jéar) pelo/cabello
hairdo (jéardu) peinado

H

27

hairdresser (jéardreser) peluquero/a
hairy (jéiri) peludo
half (jaf) medio/mitad
hall (jol) salón
hallway (jol-uéi) pasillo
ham (jam) jamón
hammer (jámer) martillo
hamper (jámper) canasto/cesta
hand rail (jand réil) pasamano
hand (jand) mano
handbag (jándbag) cartera
handkerchief (jánkerchif) pañuelo
handle (jándel) asa/mango/agarradera
handsaw (jandsó) serrucho
hang (jang) colgar/ahorcar
hanger (jánguer) colgador de ropa
happen (jápen) acontecer
happiness (jápines) alegría
happy (jápi) alegre
harass (jarrás) acosar
hard (jard) duro
harden (járden) endurecer
hardware (jar-uéar) ferretería
hatch (jatch) compuerta/empollar
hate (jéit) aborrecer/odiar
have (jav) tener
he (ji) el
head (jed) cabeza
headache (jedéik) dolor de cabeza
heal (jil) sanar
health (gelz) salud
healthy (gélzi) sano
heart (jart) corazón
heat (jit) calentar/calor
heater (jíter) calentador
heating (jíting) calefacción
heavy (jévi) pesado
heel (jíil) tacón
helmet (jélmet) casco

help (jelp) auxilio/ayuda
hen (gen) gallina
here (jíar) aquí/acá
hermetic (germétic) hermético
hiccough (jícof) hipo
hidden (jíden) oculto
hide (jáid) esconder/cuero/piel
high (jáig) alto
highway (jai-uéi) carretera
hinge (ginch) bisagra
hint (jint) indirecta
hip (jip) cadera
hit (jit) golpe
hitch (jitch) enganchar
hold (jold) aguantar
hold tight (jold táit) apretar
holdup (joulóp) asalto/atraco
hole (jóul) agujero
home (jom) hogar/casa
honey (jóni) miel
honeycomb (jónicomb) panal
hook (júuk) gancho
hooked nail (júqued néil) alcayata
horizontal (jorizóntal) horizontal
horse (jors) caballo
hose (jóus) manguera
hospital (jóspital) hospital
hot (jot) caliente
hotel (joutél) hotel
house (jáus) casa
how (jáu) cómo
how much (jáu much) cuánto
hug (jog) abrazar
huge (jíuch) enorme
humidity (giumíditi) humedad
hundred (jóndred) cien/ciento
hungry (jóngri) hambriento
hurry (jérri) apurarse/apresurarse
hurry up (jérri op) apurarse

29

hurt (jert) herir/lastimar
husband (jósband) marido/esposo
ice (áis) hielo
ice cream (áis crim) helado
ice cream cone (áis crim cóun) barquillo
icebox (áisbox) nevera
idea (aidía) idea
ideal (aidíal) ideal
identical (aidéntical) idéntico
identify (aidéntifai) identificar
identity (aidéntiti) identidad
if (if) en caso de/si
ignition (igníchion) ignición
illicit (ilícit) ilícito
ill (il) enfermo
illegal (ilígal) ilegal
illness (ílnes) enfermedad
imagine (imállin) imaginar/figurar
imitate (imitéit) imitar
impartial (impárchial) imparcial
impatient (impéichen) impaciente
impede (impíd) impedir
imperfect (impérfect) imperfecto
implant (implánt) implantar
imply (implái) implicar
important (impórtant) importante
impose (impóus) imponer
impossible (impósibel) imposible
impress (imprés) impresionar
improper (impróper) impropio
improve (imprúf) mejorar
improvise (ímprovais) improvisar
impulse (ímpols) impulso
impure (impíur) impuro
impute (impíut) imputar
in (in) en
in bed (in bed) acostado
in love (in lov) enamorado
inability (inabíliti) incapacidad

I

inactive (ináctiv) inactivo
inadequate (inádecueit) inadecuado
inapplicable (ináplicabol) inaplicable
incentive (incéntif) incentivo/aliciente
inch (inch) pulgada
incident (íncident) incidente
inclination (inclinéichion) inclinación
incline (incláin) inclinar
included (inclúded) incluso
income (íncom) ingreso
incomplete (incomplít) incompleto
incorrect (incorréct) incorrecto
increase (incrís) aumento
incredible (incrédibel) increíble
indecency (indícensi) indecencia
index (índex) índice
indifferent (indíferent) indiferente
indigestion (indilléstion) empacho
indispose (indispóus) indispuesto
indisposition (indisposíchion) indisposición
indolent (índolent) dejado/indolente
industry (índostri) industria
ineffective (ineféctiv) ineficaz
infect (inféct) infestar
infection (inféc-chion) infección
inferior (infírior) inferior
inflate (infléit) inflar
inform (infórm) informar
information (informéichion) información
inheritance (ingéritans) herencia
initial (iníchial) inicial
injury (ínlluri) lesión
ink (ink) tinta
inlay (inléi) incrustar
innocent (ínocent) inocente
insert (ínsert) insertar/encajar
inside (insáid) adentro
install (instól) instalar
instant (ínstant) actual/inmediato

31

insulating (insuléiting) aislador
insult (ínsolt) insulto
insurance (inchúrans) seguro
intension (inténchion) intensión
interior (intírior) interior
interview (interviú) entrevista
invest (invést) invertir/inversión
invite (invált) invitar
invoice (ínvois) factura
iron (áiron) hierro/plancha/planchar
island (áiland) isla
isolate (aisoléit) aislado
it (it) ello
itch (itch) picazón
jack (llak) gato (de automóvil)
jacket (lláket) chaqueta
jail (lléil) cárcel
jam (llam) apretar/atascamiento
janitor (llánitor) conserje
January (llánuari) enero
jar (llar) jarra/o
jaw (llóu) mandíbula inferior
jelly (lléli) jalea
jellyfish (llélifich) aguamala
jewel (llul) joya/prenda
jeweler (llúler) joyero
job (llob) empleo/trabajo
join (llóin) unir
joint (llóint) junta/unión
joke (llóuk) chiste
joy (llói) alegría/júbilo
judge (llodch) juez
juice (lluz) jugo/zumo
jump (llomp) brincar/saltar
junk (llonk) chatarra
just (llost) justo/recto
keel (quíil) quilla
keen (quíin) agudo/con filo
keep (quíip) guardar/conservar

32

keeper (quíiper) guardían
kennel (quénel) perrera
key (quí) llave/ tecla/clave
key ring (quí ring) llavero
keyboard (quíboard) teclado
kick (quík) patear
kidney (quídnei) riñón
kill (quíl) matar
kilogram (quílogram) kilogramo
kilometer (quilómeter) kilómetro
kind (cáind) género/especie/clase
kindly (cáindli) bondadoso
kiss (quís) beso
knee (níi) rodilla
knife (náif) cuchillo
knob (nob) tirador/botón
knock (nok) tocar a la puerta/golpear
knot (not) nudo
know (nóu) conocer
knowledge (nóuledch) conocimiento
knuckle (nóquel) nudillo
label (léibol) etiqueta
labor (léibor) labor
laboratory (laboratóri) laboratorio
lace (léis) cordón
lack (lak) carecer/falta
lacquer (láquer) laca
ladder (láder) escalera/escalerilla
lady (léidi) dama/señora
laid off (léid of) cesantía
lake (léik) lago
lamb (lamb) cordero
lamp (lamp) lámpara
land (land) tierra/suelo/aterrizar
landscape (land-esquéip) paisaje
lane (léin) sendero/senda/callejuela
language (lán-uéich) idioma/lenguaje
lard (lard) manteca
large (larch) grande

L

33

last name (last néim) apellido
last night (last náit) anoche
last (last) durar/último
latch (latch) aldaba/cerrojo
late (léit) tardío/tarde
later (léiter) más tarde/luego
lateral (láteral) lateral
latin (látin) latino
laugh (laf) reír/risa
laundry (lóndri) lavandería
lavatory (lavatóri) lavabo
law (lo) ley
lawyer (lóller) abogado
lay down (léi dáon) acostar
layer (léller) capa
layoff (léiof) despido
lazy (leisi) haragán/vago
lead (led) plomo
lead (lid) guiar/conducir/dirigir
leader (líder) dirigente
leaf (lif) hoja
leak (lik) salidero/gotera
lean (lin) magro
least (list) menor/al menos
leave (lif) dejar/abandonar
left handed (left jánded) zurdo
left (left) izquierda
leg (leg) pierna
leisure (léichur) tiempo libre/ocio
lemon (lémon) limón
length (lenz) largo/largura
lens (lens) lente
lesson (léson) lección
let (let) dar/asignar
letter (lérer) letra/carta
lettuce (létus) lechuga
level (lével) nivel/aplanar
lever (léver) apalancar/palanca
liability (laiabíliti) responsabilidad

34

liar (láier) mentiroso/a
liberty (líberti) libertad
library (láibrari) biblioteca
lick (lik) lamer
lid (lid) tapa
lie (lái) mentir/mentira
life (láif) vida
lift (lift) levantar
light bulb (láit bolb) bombilla
light up (láit op) alumbrar
light (láit) luz/encender/ligero
lighthouse (láitjaus) faro
lightning rod (láitning rod) pararrayo
like (láik) semejante/similar
limb (limb) miembro/brazo/pierna
lime (láim) cal/limón
limit (límit) límite
line (lain) línea/raya
lining (láining) forro
link (link) enlace/eslabón
lip (lip) labio
list (list) lista
listen (lísen) escuchar
little (lítel) poco/pequeño
liver (líver) hígado
load (lóud) carga
loan (lóan) préstamo
lobster (lóbster) langosta
lock up (lok op) encerrar
lock (lok) cerradura
locksmith (lóksmiz) cerrajero
logical (lóllical) lógico
long (long) largo
look (luk) mirar/apariencia
loose (lúus) suelto
loosen (lúsen) aflojar/soltar
lose (lus) perder
loss (los) pérdida
lost (lost) perdido

35

loudspeaker (láud-espíquer) altoparlante
love (lov) amor
low (lóu) bajo/de poca altura
lower (lóuer) bajar/rebajar
loyal (lóllal) leal
lubrication (lubriquéichion) engrase
lucky (lóqui) afortunado/con suerte
lumber (lómber) madera aserradero
lunch (lónch) almuerzo
lung (long) pulmón
machine (machín) máquina
machinery (machíneri) maquinaria
mad (mad) furioso
magician (mallíchian) mago
magnet (mágnet) imán
mahogany (majógani) caoba
maiden (méiden) soltera
mail (méil) correo
mail box (méil box) buzón de correos
mailman (méilman) cartero
main (méin) parte principal
maintenance (méintenans) mantenimiento
make (méik) crear/hacer/construir
male (méil) varón/macho
mallet (málet) mazo
malt (molt) malta
man (man) hombre
management (mánachment) gerencia
manager (mánaller) gerente
maneuver (manúver) maniobra
manner (máner) manera
mantle (mántel) manto
manual (mánual) manual
manufacturer (maniufácturer) fabricante
many (méni) muchos
map (map) mapa
marble (márbel) mármol
March (march) marzo
margin (márllin) margen

36

mark (mark) marca
market (márquet) mercado
marriage (máriech) matrimonio
masculine (másquiulin) masculino
mask (mask) máscara/careta
mason (méison) albañil
mason'n trowel (méison tráuel) llana
masonry (méisonri) mampostería
mass (mas) misa/masa
master (máster) amo/dueño/señor
match (match) cerillo/igual/rival
material (matírial) material
matrix (méitrix) matriz
matter (máter) materia/asunto
mattress (mátres) colchón
maximum (máximum) máximo
May (méi) mayo
maybe (méibi) quizá
mayonnaise (meionés) mayonesa
mayor (méllor) alcalde
meaning (míning) sentido
measure (méchur) medida/medir
meat (mit) carne
meat ball (mit bol) albóndiga
meat market (mit márquet) carnicería
mechanic (mecánic) mecánico
mechanism (mecaním) mecanismo
medicine (médicin) medicina
medium (mídium) mediano
meeting (mítin) reunión/encuentro
melody (mélodi) melodía
melt (melt) derretir
memory (mémori) memoria
mending patch (ménding patch) parche
mental (méntal) mental
menu (méniu) menú
merchandise (mérchandais) mercancía
mercury (mércuri) mercurio
merit (mérit) mérito

37

mesh (mech) malla
message (mésach) mensaje/recado
messenger (mésenller) mensajero
metal (métal) metal
meter (míter) metro
method (mézod) método
metric (métric) métrico
midget (mídllet) enano
midnight (midnáit) medianoche
mile (máil) milla
milk (milk) leche
mill (mil) molino
million (mílion) millón
mind (máind) mente
mine (máin) mina/mío
minimum (mínimum) mínimo
minority (mainóriti) minoría
mint (mint) menta
minute (mínut) minuto
miracle (míraquel) milagro
mirror (mírror) espejo
misery (míseri) miseria
miss (mis) señorita
mission (míchion) misión
mistake (mistéik) error/desacierto
mister (míster) señor
mistery (místeri) misterio
mistreatment (mistrítment) maltrato
mistrust (mistróst) desconfianza
mix (mix) mezclar
mixed (míxd) mezclado/mixto
mixture (míxchur) mezcla
mode (móud) modo
model (módel) modelo
modern (módern) moderno
molar tooth (mólar tuz) muela
mold (móuld) molde/moho
moment (móment) momento
money (móni) dinero

monkey (mónqui) mono
month (monz) mes
monthly (mónzli) mensual
mood (múud) disposición de ánimo
moon (múun) luna
mop (mop) trapeador/trapear
moral (móral) moral
more (móar) más
moreover (móar-óver) además
morning (mórning) mañana
mosquito (mosquíro) mosquito
mother (móder) madre
motive (mótif) motivo
motor (mótor) motor
moulding (moulding) moldura
mouth (máuz) boca
move (muv) mover/mudar
move away (muv euéi) alejar
much (moch) mucho/demasiado
mud (mod) fango/barro
muddy (módi) turbio/fangoso
mule (míul) mula
multiply (moltiplái) multiplicar
mums (moms) paperas
muscle (mósel) músculo
museum (miusíum) museo
music (miúsic) música
mustache (mostách) bigote
mustard (móstard) mostaza
mutual (miútual) mutuo
my (mái) mi/mío
myself (mái self) yo mismo
nail (néil) uña/clavo/clavar
nail file (néil fáil) lima de uña
naked (néiqued) desnudo
name (néim) nombre
nap (nap) siesta
narrow (nárrou) estrecho
nation (néichion) nación

N

nationality (nachionáliti) nacionalidad
native (néitiv) nativo
natural (nátural) natural
nature (néichur) naturaleza
nausea (nósea) náusea
near (níar) cerca/cercano
necessary (nécesari) necesario
necessity (necésiti) necesidad
neck (nek) cuello
necklace (nek-las) collar
needle (nídel) aguja
negative (négatif) negativo
negotiate (negochiéit) negociar
neighbor (néibor) vecino/a
neighborhood (néiborjud) barriada
neither (níder) ni uno ni otro
nerve (nerv) nervio
nest (nest) nido
net (net) neto
neutral (niútral) neutro/neutral
never (néver) nunca/jamás
new (níu) nuevo
news (níus) noticia
newspaper (níuspéiper) periódico
next (next) próximo
nice (náis) fino/delicado
night (náit) noche
nine (náin) nueve
nineteen (náintin) diecinueve
ninety (náiti) noventa
no (no) no
no one (no uán) ninguno
nobody (nóubodi) nadie
noise (nóis) ruido
nonsense (nónsens) barbaridad
nonstop (non-estóp) directo/sin parada
noodle (núdel) fideo/tallarín
noon (nun) mediodia
norm (norm) norma

normal (nórmal) normal
north (norz) norte
nose (nóus) nariz
notch (notch) muesca
note (nóut) nota/apunte
notebook (nóutbuk) libreta
nothing (nózing) nada
notice (nótiz) aviso/noticia
nourish (nóurich) nutrir
now (náo) ahora
nozzle (nózel) boquilla
number (nómber) número
nun (non) monja
nurse (ners) enfermera
nut (not) tuerca
oat (óut) avena
obey (obéi) acatar/obedecer
object (óbject) objeto
obligation (obliguéichion) obligación
obscure (obsquíur) obscuro
observe (obsérv) observar
obstacle (óbstaquel) obstáculo
obstruct (obstróck) entorpecer
obstruction (obstrókchion) obstrucción
obtain (obtéin) obtener
occasion (oquéichion) ocasión
occupy (oquiupái) ocupar
occur (ocúr) ocurrir
October (octóber) octubre
odd (od) impar
of (of) de
of course (of cóurs) por supuesto
off (of) lejos/fuera
off center (of cénter) descentrado
offend (ofénd) ofender/agraviar
offer (ófer) oferta/ofrecer
office (ófis) oficina
often (ófen) con frecuencia
oil (óil) aceite/aceitar/engrasar

O

41

oil filter (óil fílter) filtro de aceite
opening (ópening) abertura/apertura
old (old) viejo
olive (óliv) aceituna
omit (omít) omitir
on purpose (on pérpes) adrede/a propósito
on (on) encima de/sobre
once (úans) alguna vez/una vez
one (uán) uno
one hundred (uán jóndred) cien/ciento
one way (uán uéi) de una vía
onion (ónion) cebolla
only (ónli) sólo/único
open (ópen) abierto
opener (ópener) abridor
operator (operéitor) operador
opinion (opínion) opinión
opportunity (oportiúniti) oportunidad
opposite (óposit) opuesto
oppression (opréchion) opresión
or (or) o
oral (óral) oral
orange (óranch) naranja
order (órder) orden/ordenar/encargar
ordinary (ordinári) ordinario
organ (órgan) órgano
ornament (órnament) adorno/ornamento
other (óder) otro
our (áur) nuestro
out (áut) fuera/afuera/fuera de
outdoor (autdóar) al aire libre
outside (autsáid) afuera
oven (óven) horno
over (óver) encima/al otro lado
overtime (overtáim) horas extras de trabajo
overweight (overuéit) exceso de peso
overwhelm (overuélm) agobiar
owl (ául) lechuza
own (óun) poseer

owner (óuner) dueño
oxygen (óxillen) oxígeno
pacifier (pasifáiar) chupete
pack (pak) empacar/paquete
package (páqueich) paquete
packing (páquin) envase
pad (pad) almohadilla
padlock (pádlok) candado
page (péich) página
paid (péid) pagado
pain (péin) dolor
painful (péinful) doloroso/penoso
paint (péint) pintura/pintar
painter (péinter) pintor
pair (péar) par/pareja
pal (pal) compañero
pale (péil) pálido
palm tree (palm tri) palma
palpitation (palpitéichion) latido/palpitación
pan (pan) cacerola/cazuela/sartén
pantry (pántri) despensa
pants (pants) pantalones
paper (péiper) papel
paper clip (péiper clip) presilla
paradise (páradais) paraíso
paralell (páralel) paralelo
paralysis (parálisis) parálisis
pardon (párdon) perdón
park (park) parque/estacionar
parole (paról) libertad condicional
parish (párich) parroquia
parish priest (párich príst) párroco
parsley (párslei) perejil
part (part) parte/pieza
partial (párchial) parcial
particle (pártiquel) partícula
particular (partícular) particular
partition (partíchion) partición
partner (párner) socio/compañero

43

party (pári) fiesta/partido/grupo
pass (pas) pasar/pase
passport (pásport) pasaporte
passenger (pásenller) pasajero
passive (pásiv) pasivo
past (past) pasado
paste (péist) pasta/engrudo
pastry (péistri) pastelería
patch (patch) parche
patent (pátent) patente
patience (péichiens) paciencia
patient (péichient) paciente
patio (pário) patio
pattern (pátern) patrón/modelo/molde
pause (pos) pausa
pawn (páon) empeñar
pay (péi) pagar
payment (péiment) pago
pea (pi) chícharo
peace (pis) paz
peach (pich) melocotón
peanut (pínot) maní
pear (péar) pera
pearl (perl) perla
pedal (pédal) pedal
peel (píil) mondar
peg (peg) clavija
pen (pen) pluma
pencil (péncil) lápiz
people (pípol) gente
pepper (péper) pimienta
percent (percént) tanto por ciento
perfect (pérfect) perfecto
perforate (pérforeit) perforar
perfume (pérfium) perfume
perhaps (perjáps) acaso/quizás
period (píriod) período
permit (pérmit) permiso/permitir
person (pérson) persona

44

personal (pérsonal) personal
pest (pest) pest
pet (pet) mascota
petroleum (petróleum) petróleo
photo (fóro) foto
piano (piáno) piano
pick up truck (pik op trok) camioneta
picture (píkchur) cuadro/pintura
pie (pái) pastel
piece (piz) pedazo/parte
piecework (pis-uérk) destajo
pig (pig) cerdo
piggy bank (pígui bank) alcancía
pigpen (pigpén) chiquero
pile (páil) montón
pile up (páil op) apilar
pill (pil) píldora
pillow (pílou) almohada
pin (pin) alfiler/espiga
pinch (pinch) pellizcar
pine (páin) pino
pineapple (painápel) piña
pink (pink) rosado
pipe (páip) pipa/tubo
pipeline (páip láin) cañería
piping (páiping) tubería
piston (píston) pistón/émbolo
pit (pit) foso/hoyo
pitcher (pítcher) jarra
pity (píti) lástima
place (pléis) lugar/colocar
plain (pléin) plano/llano/sencillo
plan (plan) plan
plank (plank) tablón
plant (plant) planta/plantar
plate (pléit) placa/chapa/plato
play (pléi) jugar/obra de teatro
player (pléller) jugador
pleasant (plésent) agradable

please (plis) agradar/por favor/complacer
pleat (plit) alforza
pledge (pledch) promesa
pliers (pláiers) alicate/pinzas
plow (pláo) arado
plug (plog) tapón/tapar
plum (plom) ciruela
plumb (plomb) plomada
plumber (plómer) plomero
plush (ploch) felpa
pocket (póquet) bolsillo
pocketknife (póquet-náif) navaja/cuchilla
point (póint) punto/a
point out (póint áut) indicar/señalar
poison (póison) veneno
police (polís) policía
policy (pólisi) póliza/regla/política
pol (pol) encuesta
pool (púul) piscina
poor (púar) pobre
port (port) puerto
possible (pósibel) posible
poster (póster) afiche
pot (pot) olla/caldera/maceta/pote
potato (potéiro) patata/papa
potter (póter) alfarero
pottery (póteri) cerámica
pound (páond) libra
pour (púar) verter
powder (páuder) polvo
power (páuer) poder/fuerza
poweful (páuerful) poderoso/potente
practice (práctis) práctica
precision (presíchion) precisión
prefer (prifér) preferir
pregnancy (prégnanci) embarazo
presence (présens) presencia
present (présent) actual/presente
preserve (prisérf) conserva/preservar

press (pres) prensa
pretext (pritéxt) pretexto
pretty (príti) bonito/lindo
previous (prívius) previo/anterior
price (práis) precio
pride (práid) orgullo
priest (prist) sacedorte
primary (práimari) primario/a
principal (príncipal) principal
printed (prínted) impreso
printing shop (prínting chop) imprenta
private (práivat) privado
privilege (prívilech) privilegio
prize (práiz) premio
problem (próblem) problema
process (próces) proceso
produce (prodúz) producir
product (próduct) producto
profile (profáil) perfil
profit (prófit) ganancia/utilidad
proof (pruf) prueba
property (próperti) propiedad
prosecute (prosequíiut) enjuiciar
protect (protéct) amparar/proteger
protector (protéctor) protector
public (póblic) público
pull (pul) halar/jalar
pulse (pols) pulso
pump (pomp) bomba
pumpkin (pómquin) calabaza
punch (ponch) botador
punish (pónich) castigar
punishment (pónichment) castigo
pupil (piúpil) alumno
purchase (pérches) compra
pure (píur) puro
purple (pérpel) morado
purse (pers) bolso/bolsa/monedero
pursue (persú) perseguir

push (puch) empuje/empujar
put (put) poner
put out (put áut) sacar/apagar

qualify (cualifái) calificar
quality (cuáliti) calidad
quantity (cuántiti) cantidad
quart (cuórt) cuarto de galón
quarter (cuórer) cuarto
queen (cuín) reina
question (cuéstion) pregunta
quick (cuík) pronto/rápido
quiet (cuáiat) quieto/quedo/calmar
quit (cuít) abandonar

rabbit (rábit) conejo
rabble (rábel) chusma
race (réis) carrera/raza
rack (rak) cremallera/percha para ropa
radiator (radiéitor) radiador
radical (rádical) radical
radio (réidiou) radio
radish (rádich) rábano
raft (raft) balsa
rag (rag) trapo/harapo
rail (réil) barrote/riel
railing (réiling) baranda
railroad (réilroud) ferrocarril
rain (réin) lluvia
raise (réis) elevar/encaramar
raisin (réisin) pasa
rake (réik) rastrillo/rastrillar
rape (réip) violar
rare (réar) raro
rash (rach) salpullido
rat (rat) rata
ration (réichion) ración
raw (ro) crudo
ray (réi) rayo
reach (rich) alcance/alcanzar
reader (ríder) lector

reading (ríding) lectura
ready (rédi) listo
real (rial) real
rear (ríar) parte de atrás/fondo
reason (ríson) razón
rebound (ribáond) rebote
receipt (ricípt) recibo
receive (risív) recibir
recent (rícent) reciente
recommend (recoménd) recomendar
record (récord) registro
recount (ricáont) recontar
recruit (recrút) alistar/reclutar
red (red) rojo/colorado
redheaded (redjéded) pelirrojo
reduce (ridíus) reducir
reduction (ridókchion) reducción
reel (ril) carrete
refer (rifér) referir
refill (refíl) rellenar
refrain (rifréin) abstenerse
refusal (refiúsal) negativa
reheat (rijít) recalentar
register (réllister) matrícula
regular (régular) regular
regulator (reguléitor) regulador
related (reléited) afín/relacionado
relation (riléichion) relación
relative (rélativ) pariente/relativo
release (rilís) soltar/zafar
relief (rilíf) alivio/desahogo
remain (riméin) quedar
remedy (rémedi) remedio
remember (rimémber) recordar
remit (rimít) remitir
renew (riniú) renovar
rent (rent) renta/alquilar
repair (ripéar) reparar
replace (ripléis) reponer

report (ripórt) informe/reporte
request (ricuést) petición
require (ricuáiar) requerir
residence (résidens) residencia
resign (risáin) renunciar
respect (rispéct) respeto/respetar
rest (rest) descanso/resto
result (risólt) resultado
retain (ritéin) retener
return (ritórn) regreso/devolver
revenue (réveniu) ingreso
reverse (rivérs) revés
review (riviú) revisar
revolve (rivólv) revolver/girar
rib (rib) costilla
ribbon (ríbon) cinta
ride (ráid) montar
right (ráit) derecho
right hand (ráit jand) mano derecha
rigid (ríllid) rígido
ring (ring) anillo
rinse (rins) enjuagar
riot (ráiot) disturbio
ripe (ráip) maduro
ripen (ráipen) madurar
risk (risk) riesgo
road (róud) camino
roast (róust) asar
rock (rok) roca/mecer/balancear
roll (rol) enrollar/rollo
roller (róler) rodillo
roof (ruf) techo
room (rum) cuarto/habitación
root (rúut) raíz
rope (róup) cuerda/soga/mecate
rotten (róten) podrido
rough (rof) áspero
rough rasp (rof rasp) escofina
round (ráond) redondo

50

route (ráut) ruta
routine (rutín) rutina
row (róu) fila/hilera/remar
rub (rob) frotar
rubber (róber) caucho/goma/hule
rule (rul) regla
rules (ruls) reglamento
run (ron) correr
rush (roch) prisa/apuro
rust (rost) óxido
rusty (rósti) oxidado
rye (rái) centeno
sack (sak) saco/costal
sacred (séicred) sagrado
sad (sad) triste
safe (séif) seguro
sag (sag) pandeo/combarse
sailor (séilor) marinero
sake (séik) motivo
salad (sálad) salado
salary (sálari) salario
sale (séil) venta
saliva (saláiva) saliva
salt (solt) sal
salty (sólti) salado
same (séim) mismo
sample (sámpel) muestra
sand (sand) arena
sandwich (san-uích) emparedado
sardine (sardín) sardina
satisfied (satisfáid) satisfecho
Saturday (sáturdei) sábado
sauce (soz) salsa
saucepan (sóspan) cacerola
sausage (sósech) chorizo/salchicha
save (séiv) ahorrar/salvar
saving (séiving) ahorro
saw (so) sierra/serrucho
say (séi) decir

scale (esquéil) balanza
scandal (escándal) escándalo
scar (escár) cicatriz
scarse (escárs) escaso
scholarship (escólarchip) beca
school (escúul) escuela/colegio
science (sáiens) ciencia
scissors (sísors) tijeras
scorpion (escórpion) alacrán
scrape (escréip) raspar/rozar
scratch (escrátch) arañar/rascar
scream (escrím) alarido/grito
screen (escrín) mampara/pantalla
screw (escrú) tornillo/atornillar
screwdriver (escrú-dráiver) destornillador
sea (si) mar
seam (sim) costura
seasickness (sísiknes) mareo
seat (sit) asiento/sentarse
second (sécond) segundo
secure (sequiíur) seguro
see (síi) ver
seed (síid) semilla
seek (síik) buscar
selfish (sélfich) egoísta
selfishness (selfíchnes) egoísmo
sell (sel) vender
send (send) enviar/mandar/remitir
September (septémber) septiembre
servant (sérvant) sirviente/criado
serve (serv) servir
service (sérvis) servicio
seven (séven) siete
seventy (séventi) setenta
sew (so) coser
sewer (súer) alcantarilla/alcantarillado
shade (chéid) persiana/sombra
shadow (chádou) sombra
shake (chéik) agitar/menear

shame (chéim) vergüenza
shampoo (champúu) champú
share (chéar) porción/parte
sharp (charp) agudo/afilado
sharpen (chárpen) afilar
sharpener (chárpener) afilador
shave (chéif) afeitar/afeitada
shaver (chéiver) afeitadora
she (chi) ella
shell (chel) cáscara
ship (chip) barco
shipment (chípment) embarque
shirt (chert) camisa
shoe (chu) zapato
shoe polish (chu pólich) betún
shoe store (chu estóar) peletería/zapatería
shoot (chúut) disparar
shop (chop) taller
short (chort) corto
short time (chort táim) rato/poco tiempo
shorten (chórten) acortar
shortsighted (chorsáited) miope
shot (chot) disparo/balazo
shoulder (chóulder) hombro
shovel (chóvel) pala
show (chóu) mostrar
shower (cháuer) lluvia/ducha
shrimp (chrimp) camarón
shrink (chrink) encoger
sick (sik) enfermo
sickness (síknes) enfermedad
side (sáid) costado/lado
sidewalk (said-uók) acera
sight (sáit) visión
sign (sáin) signo/señal/indicio
signature (sígnachur) firma
silence (sáilens) silencio
silk (silk) seda
silver (sílver) plata

simple (símpel) simple
sin (sin) pecado
since (sins) desde
sincere (sincíar) sincero
singular (síngular) singular
sink (sink) hundir
sister (síster) hermana
site (sáit) sitio
six (six) seis
sixty (síxti) sesenta
size (sáiz) talla/tamaño
skate (esquéit) patín/patinar
skillful (esquílful) hábil
skin (esquín) piel/pellejo
skinny (esquíni) flaco
skirt (esquért) falda/saya
sky (escái) cielo
slap (esláp) bofetada
sleep (eslíp) dormir
sleeve (eslív) manga
slice (esláis) tajada/rebanada/raja
slide (esláid) resbalar/desliz
slip (eslíp) deslizar/resbalar
slowly (eslóuli) despacio
small (esmól) pequeño/chico
smaller (esmóler) menor/más pequeño
smallpox (esmólpox) viruela
smart (esmárt) listo/vivo
smell (esmél) olor/oler
smoke (esmóuk) fumar/humo/ahumar
snail (esnéil) caracol
snow (esnóu) nieve
so (so) así/tan
so much (so moch) tanto
soak (sóuk) empapar/remojar
soap (sóup) jabón
sock (sok) media/calcetín
socket (sóquet) enchufe
soda (sóda) gaseosa

54

soft (soft) suave/blando
soften (sófen) ablandar
solicitude (solísitud) solicitud
solid (sólid) sólido
solution (solúchion) solución
some (som) algún/alguno
somebody (sombódi) alguien
something (sómzing) algo
son (son) hijo
song (song) canción
soon (súun) pronto/en breve/luego
soul (sóul) alma
sound (sáond) sonido
soup (sup) sopa
sour (sáuar) agrio/agriado
south (sáuz) sur
space (espéis) espacio
Spanish (espánich) español
spark (espárk) chispa
spatter (espáter) salpicar
spatula (espátula) espátula
speak (espík) hablar
speaker (espíker) bocina/altoparlante
special (espéchial) especial
specialist (espéchialist) especialista
specific (específic) específico
speed (espíd) velocidad
speed up (espíd op) acelerar
spell (espél) deletrear/hechizo
spend (espénd) gastar
spicy (espáisi) picante
spider (espáider) araña
spill (espíl) derramar/derrame
spit (espít) escupir
splendid (espléndid) espléndido
split (esplít) rajar
sponge (espónch) esponja
sponsor (espónsor) apadrinar
spool (espúul) carrete

spoon (espúun) cuchara
sport (espórt) deporte
spot (espót) mancha
spred (espréd) extender
spring (espríng) muelle/primavera
sprinkle (esprínquel) rociar/rociador
square (escúear) cuadrado
squeezer (escuíser) exprimidor
stab (estáb) cuchillada/acuchillar
stage (estéich) etapa
stain (estéin) mancha
stairs (estéars) escalera
stake (estéik) estaca
stamp (estámp) sello
starch (estárch) almidón
start (estárt) emprender/empezar/arrancar
station (estéichion) estación
stay (estéi) quedar
steam (estím) vapor
steel (estíil) acero
stem (estém) tallo
step (estép) paso/escalón/peldaño
still (estíl) todavía
stimulate (estímuleit) estimular
stingy (estínlli) tacaño
stitch (estítch) puntada
stone (estóun) piedra
stop (estóp) detener/parada/deténgase
story (estóri) historia/cuento
straight (estréit) derecho/recto
straighten (estréiten) enderezar
strain (estréin) colar
strap (estráp) fleje
strategy (estrátelli) estrategia
straw (estró) paja
street (estrít) calle
stretch (estrétch) estirar
stretcher (estrétcher) camilla

strike (estráik) huelga
string bean (estrín bin) habichuela, ejotes, frijol
strong (estróng) fuerte
student (estíudent) estudiante
style (estáil) estilo
subtract (sóbtrak) restar
such (soch) tal
suck (sok) chupar
suffer (sófer) adolecer/sufrir/padecer
sugar (chúgar) azúcar
sugar syrup (chúgar sírop) almíbar
suggestion (solléstion) sugerencia
suit (sut) traje
suitcase (sutquéis) maleta
summer (sómer) verano
sun (son) sol
sunset (sónset) ocaso/puesta de sol
supper (sóper) cena
supply (soplái) abastecimiento
surface (serféis) superficie
surgery (sérlleri) cirugía
surrounding (sorráunding) ambiente
surveyor (sórvellor) agrimensor
swamp (suámp) ciénaga/pantano
swear (súear) jurar
sweep (súip) barrer
sweet (súit) dulce
sweeten (súiten) endulzar
swim (suím) nadar
swing (suíng) mecer
table (téibol) mesa
tablecloth (téibolcloz) mantel
tablet (táblet) pastilla/tableta
tack (tak) tachuela
tail (téil) rabo/cola
take (téik) tomar/coger
take apart (téik apárt) desunir
take away (téik euéi) quitar
tangle (tánguel) maraña

T

57

tank (tank) tanque
tapered (téipered) ahusado
taste (téist) gusto/paladar
tax (tax) impuesto
tea (ti) te
teach (tich) enseñar
teacher (tícher) maestro
tear (tíar) lágrima
technique (tecník) técnica
telephone (télefon) teléfono
television (televíchion) televisión
temperature (témperachur) temperatura
ten (ten) diez/decena
term (term) plazo/término
test (test) prueba
text (text) texto
that (dat) aquel/esa/ese
the (di) el/la/los/las
theft (zeft) robo
then (den) entonces
there (déar) ahí/allí/allá
thick (zik) espeso/grueso
thickness (zíknes) espesor
thigh (záig) muslo
thimble (zímbel) dedal
thin (zin) delgado
thin out (zin áut) adelgazar
thing (zing) cosa
think (zink) pensar
third (zerd) tercero
thirst (zerst) sed
thirteen (zértin) trece
this (dis) esto/esta
thanks (zanks) gracias
thousand (záusand) mil/millar
thread (zred) ensartar/hilo/rosca/amenaza
three (tri) tres
throat (zróut) garganta
throw (zróu) lanzar/echar

58

ticket (tíquet) boleto
tide (táid) marea
tie (tái) atar/amarre/amarrar
tile (táil) teja
time (táim) tiempo/vez
tip (tip) propina
tire (táiar) neumático
tired (táiard) cansado
tireless (táiarles) incansable
to (tu) a
toast (tóust) tostada
today (tudéi) hoy
toll (tol) peaje
tomorrow (tumórou) mañana
tool (túul) herramienta/apero
tooth (tuz) diente
tooth filling (tuz fíling) empaste
toothpick (túzpik) palillo de dientes
touch (toch) tacto/tocar
touch up (toch op) retoque
tow (tóu) remolque/remolcar
toward (tóuard) hacia
town (táon) pueblo
toy (tói) juguete
trace (tréis) calcar
track (trak) carrilera/pista/rastro
trade union (tréid yúnion) gremio
traffic (tráfic) tráfico
train (tréin) entrenar/tren
trainer (tréiner) entrenador
transfer (tránsfer) transferir
travel (trável) viajar
tray (tréi) bandeja
tree (tri) árbol
trip (trip) viaje
truck (trok) camión
true (tru) cierto
trunk (tronk) baúl
trust (trost) confiar

truth (truz) verdad
Tuesday (tiúsdei) martes
tumult (túmult) tumulto/alboroto
tuna fish (túna fich) atún
tune (tíun) afinar/tono
tuned (tiund) afinado
turkey (térqui) pavo
turn (tern) vuelta/turno/girar
turnip (térnip) nabo
twelve (tuélf) doce
twist (tuíst) torcer
two (tu) dos
typist (táipist) mecanógrafa
ugly (ógli) feo

umbrella (ombréla) paragüas
unable (onéibol) incapaz
unacceptable (onacéptabol) inaceptable
uncertain (oncértain) incierto
uncle (ónquel) tío
uncomfortable (oncómfortabol) incómodo
uncover (oncóver) destapar/descubierto
undecided (ondisáided) indeciso
under (ónder) debajo/abajo
underpay (onderpéi) malpagar
undersell (ondersél) malbaratar
undershirt (onderchért) camiseta
understand (onder-estánd) entender
underwear (onderuéar) calzoncillos
undo (ondú) deshacer
undress (ondrés) desvestir/desnudar
unemployment (onemplóiment) desempleo
unemployed (onemplóid) desempleado
unexpected (onexpécted) inesperado
unfair (onféar) injusto
unfasten (onfásen) desabrochar
unfortunate (onfórtuneit) desafortunado
unglue (onglú) despegar
unhang (onjáng) descolgar
unhappy (onjápi) descontento/infeliz

unhurt (ongért) ileso
unit (iúnit) unidad
unknown (on-nóun) desconocido
unlevel (onlével) desnivelado/desnivelar
unlikely (onláicli) improbable
unload (onlóud) descargar
unnail (on-néil) desclavar
onpack (onpák) desempacar
unpleasant (onplésent) desagradable
unplug (onplóg) desenchufar
unreal (onríal) irreal
unscrew (on-escrú) desatornillar
unsew (onsó) descoser
unskilled (on-esquíld) inexperto
unsolder (onsólder) desoldar
untie (ontái) desatar
until (óntil) hasta
upholstery (opjólsteri) tapicería
use (iús) usar/uso
used (iúsd) usado
useful (iúsful) útil
useless (iúsles) inútil
vacant (véicant) desocupado/vacante
vacation (vaquéichion) vacación
vaccine (vacsín) vacuna
valid (válid) válido
value (váliu) valor
valve (valv) válvula
vain (véin) vano
vegetable (véchtebol) vegetal
vehicle (véijiquel) vehículo
vein (véin) vena/veta
velocity (velóciti) velocidad
ventilate (ventiléit) ventilar
very (véri) muy
very bad (véri bad) muy malo
vest (vest) chaleco
violet (váiolet) violeta
visit (vísit) visita

V

vital (váital) vital

voice (vóis) voz

void (vóid) nulo

voltage (vóltach) voltaje

vote (vóut) voto

wage (uéich) salario/sueldo

waist (uéist) cintura/talle

wait (uéit) esperar/aguardar

wake (uéik) despertar

walk (uók) caminar/andar

wall (uól) pared/muro

wallet (uólet) cartera/billetera

want (uónt) necesitar

wanted (uónted) se solicita

warehouse (uéarjaus) almacén

warm (uórm) caliente/cálido

wash (uách) lavar

waste (uéist) malgastar/desperdicio

watch (uátch) mirar/reloj

water (uórer) agua

water proof (uórer pruf) impermeable

wave (uéiv) ola/onda

wax (uáx) cera

way (uéi) camino/manera

we (uí) nosotros/nosotras

weak (uík) débil/endeble

weather (uéder) estado del tiempo

Wednesday (uénsdei) miércoles

week (uík) semana

weight (uéit) peso

welcome (uélcom) bienvenida

well (uél) bien/pozo

well done (uél don) bien cocinado

west (uést) oeste

wet (uét) mojado

what (juát) que cosa

wheat (juít) trigo

wheelbarrow (juílbarou) carretilla

when (juén) cuándo

where (uéar) donde
which (uích) cual
while (juáil) rato
white (juáit) blanco
who (ju) quien
whole (jóul) todo
wholesale (jóulseil) mayoreo
why (juái) ¿por qué?
wide (uáid) ancho/amplio
widow (uídou) viuda
wife (uáif) esposa
win (uín) ganar
wind (uínd) viento
window (uíndou) ventana
wipe (uáip) limpiar con un trapo
wish (uích) deseo
with (uíz) con
woman (gúman) mujer
word (uérd) palabra
work (uérk) trabajo
worker (uérquer) trabajador
world (uérld) mundo
worse (uórs) peor
wrap (rap) envolver
write (ráit) escribir
wrong (rong) incorrecto/falso
yard (llard) yarda
year (llíar) año
yearly (llíarli) anualmente
yeast (llist) levadura
yellow (iélou) amarillo/cobarde
yes (lles) si
yield (llild) ceder
you (llu) tú/usted
young (llong) joven
yours (lluárs) tuyo/tuya
yourself (lluarsélf) usted mismo
zero (sírou) cero
zone (zóun) zona

Y

Z

63

REGLAS GRAMATICALES

Esta sección de las reglas gramaticales de este diccionario tiene como función ayudarlo a construir las oraciones de una forma simple, para que pueda hablar y escribir el inglés correctamente.

ARTICULO DEFINIDO

Para **él, la, los** y **las,** solamente se usa en el idioma inglés **the** (di).

La casa	**The** house	(di jáus)
Las casas	**The** houses	(di jáuses)
El auto	**The** car	(di car)
Los autos	**The** cars	(di cars)

ARTICULO INDEFINIDO

Para el artículo indefinido **un** y **una,** se usa en inglés **a** o **an,** este último se utiliza cuando la palabra siguiente comienza con vocal (a-e-i-o-u).

A tool	(e túul)	Una herramienta
An apple	(an ápol)	Una manzana
An example	(an exámpel)	Un ejemplo
An infant	(an ínfant)	Un infante
An orange	(an óranch)	Una naranja
An umbrella	(an ombréla)	Una sombrilla

EL PLURAL

El plural se forma añadiendo **s** (con excepción de las palabras irregulares que le damos después) y las que terminan en **ch, o, s, sh, x,** que se forma añadiendo **es.**

64

church	(chorch)	iglesia
churches	(chórches)	iglesias
potato	(potéito)	papa
potatoes.	(potéitos)	papas
bus	(bos)	ómnibus
buses	(bóses)	omnibuses
brush	(broch)	brocha
brushes	(bróches)	brochas
box	(box)	caja
boxes	(bóxes)	cajas
tool	(túul)	herramienta
tools	(túuls)	herramientas

PLURALES IRREGULARES COMUNES

child	(cháild)	niño
children	(chíldren)	niños
foot	(fúut)	pie
feet	(fíit)	pies
man	(man)	hombre
men	(men)	hombres
mouse	(máus)	ratón
mice	(máis)	ratones
tooth	(túuz)	diente
teeth	(tíiz)	dientes
woman	(gúman)	mujer
women	(uímen)	mujeres

LOS ADJETIVOS

Los adjetivos en inglés son igual en singular que en plural, y siempre van antes del nombre común, al revés que en español.

The **beautiful** house   La casa bonita
(di biútiful jáus)

The **beautiful** houses   Las casas bonitas
(di biútiful jáuses)
The **big** car   El auto grande
(di big car)
The **big** cars   Los autos grandes
(di big cars)

PRONOMBRES PERSONALES

En inglés no se usa **usted**, por lo que para **usted** o **tú** siempre se usa **you** (yu). Para **ellos** y **ellas**, se usa la misma palabra: **they** (déi).

Yo	**I**	(ái)
Tú	**You**	(yu)
El	**He**	(ji)
Ella	**She**	(chi)
El/ella, para objeto	**It**	(it)
Nosotros	**We**	(uí)
Ellos-Ellas	**They**	(déi)

PRONOMBRES POSESIVOS

Mí	**My**	(mái)
Su (de usted)	**Your**	(yúar)
Su (de él)	**His**	(jis)
Su (de ella)	**Her**	(jer)
Nuestro(a)	**Our**	(áur)
Su (de ellos)	**Their**	(déar)

My book	(mái búuk)	Mi libro
Your pen	(yúar pen)	Su pluma (de Ud.)
His house	(jis jáus)	Su casa (de él)
Her house	(jer jáus)	Su casa (de ella)
Our bananas	(áur banánas)	Nuestros plátanos
Their oranges	(déar óranches)	Sus naranjas

TIEMPO PRESENTE (afirmativo)

Para expresarnos en tiempo presente, solamente tene-
mos que poner el verbo después del nombre o el
pronombre. Cuando se trata de la tercera persona **él** o
ella: he o **she** (ji o chi) **it** (it él, ella para objeto) hay que
añadirle una **s** al final del verbo. Los verbos en inglés
siempre son iguales para todas las personas. El infinitivo del verbo se hace poniendo la palabra **to** (tu) antes
del verbo.

To walk	(tu uók)	Caminar
I **walk**	(ái uók)	Yo camino
You **walk**	(yu uók)	Tú caminas
He **walks**	(ji uóks)	El camina
She **walks**	(chi uóks)	Ella camina
It **walks**	(it uóks)	Ello camina
They **walk**	(déi uók)	Ellos caminan
We **walk**	(uí uók)	Nosotros caminamos

TIEMPO PRESENTE (negativo)

Para hacer una oración negativa hay que utilizar **do not**
(du not) o **does not** (dos not), este último para las
terceras personas **él** o **ella**, antes del verbo. También
se usan en contracciones como **don't** (dont) o **doesn't**
(dósent).

Esto no se aplica cuando se trata de los verbos **ser** o
estar, que en inglés es **to be** (tu bi), que explicamos
después.

I **do not** speak English   Yo no hablo inglés
(ái du not espíc ínglich)

You **do not** speak English   Tú no hablas inglés
(yu du not espíc ínglich)

67

He **does not** speak English   El no habla inglés
(ji dos not espíc ínglich)

She **does not** speak English Ella no habla inglés
(chi dos not espíc ínglich)

They **do not** speak English Ellos no hablan inglés
(déi du not espíc ínglich)

We **do not** speak English   Nosotros no
(uí du not espíc ínglich)   hablamos inglés

SER O ESTAR

Estos verbos: **ser** o **estar**, son: **to be** (tu bi) en inglés, y es uno de los más importantes.

Yo soy/estoy	I **am**	(ái am)
Tú eres/estás	You **are**	(yu ar)
Usted es/está	You **are**	(yu ar)
El es/está	He **is**	(ji is)
Ella es/está	She **is**	(chi is)
Ello es/está	It **is**	(it is)
Nosotros somos/estamos	We **are**	(uí ar)
Ellos son/están	They **are**	(déi ar)

I **am** tall	(ái am tol)	Yo soy alto
You **are** tall	(yu ar tol)	Tú eres alto
He **is** tall	(ji is tol)	El es alto
She **is** tall	(chi is tol)	Ella es alta
It **is** tall	(it is tol)	Ello es alto
We **are** tall	(uí ar tol)	Nosotros somos altos
They **are** tall	(déi ar tol)	Ellos son altos

NEGATIVO CON SER O ESTAR

Para formar el negativo con **to be** (tu bi) **(ser o estar),** se pone después del mismo la palabra **not** (not)

I **am not** tired	Yo no estoy cansado
(ái am not táiar)	
You **are not** tired	Tú no estás cansado
(yu ar not táiar)	
He **is not** tired	El no está cansado
(ji is not táiar)	
She **is not** tired	Ella no está cansada
(chi is not táiar)	
We **are not** tired	Nosotros no estamos cansados
(uí ar not táiar)	
They **are not** tired	Ellos no están cansados
(déi ar not táiar)	

PRESENTE INTERROGATIVO

Al igual que en el presente negativo se usa **do** (du) y
does (dos) para crear las preguntas, pero en este caso se
pone delante del pronombre personal. **Do** (du) se usa
para todos los pronombres, con excepción de la tercera
persona **el, ella** y **lo — he, she** e **it** (ji, chi, it) que se
usa **does** (dos). En inglés se usa el signo de interroga-
ción solamente al final de la oración, ya que la palabra
que abre la oración siempre denota pregunta.

Do you speak English?	¿Usted habla inglés?
(du yu espíc ínglich?)	
Does she speak English?	¿Ella habla inglés?
(dos chi espíc ínglich?)	

INTERROGACION CON SER O ESTAR Y TENER

Cuando vimos la oración negativa en tiempo presente, aprendimos el uso de **to be** (tu bi) (ser o estar).
Para crear oraciones interrogativas con el

verbo **to be** (tu bi) se pone este verbo delante del pronombre.

Con el verbo tener **have** (jav) o **has** (jas) para la tercera persona, se hace igual que con el verbo **to be** (tu bi).

Am I tall?   ¿Yo soy alto?
(am ái tol)

Are you tall?   ¿Eres tú alto?
(ar yu tol)

Is she tall?   ¿Es ella alta?
(is chi tol)

Are we tall?   ¿Somos nosotros altos?
(ar uí tol)

Are they tall?   ¿Son ellos altos?
(ar déi tol)

Have they money in the bank?   ¿Ellos tienen
(jav déi móni in di bank?)   dinero en el banco?

Has she money in the bank?   ¿Ella tiene
(jas chi móni in di bank?)   dinero en el banco?

OTRO TIPO DE INTERROGACION

Al igual que en español las palabras **qué: what** (juát), **dónde: where** (uéar), **cuándo: when** (uén), **cómo: how** (jáu), **quién: who** (ju), **por qué: why** (juái), **cuál: which** (uích), abren preguntas.

What are you doing?   ¿Qué estás haciendo?
(juát ar yu dúin?)

What is he doing?   ¿Qué está haciendo él?
(juát is ji dúin?)

Where can I find a job?   ¿Dónde puedo
(uéar can ái fáin e llob?)   encontrar trabajo?

70

Where is she parked? ¿Dónde estacionó ella?
(uéar is chi parkd?)

When are we going to eat? ¿Cuándo vamos a
(uén ar uí góin tu it?) comer nosotros?

When do I have my break? ¿Cuándo tengo
(uén du ái jav mái breik) mi descanso?

How is your family? ¿Cómo está
(jáu is yúar fámili?) su familia?

How old is your mother? ¿Qué edad tiene
(jáu old is yúar móder?) tú mamá?

Who is my boss? ¿Quién es mi jefe?
(ju is mái boss)

Who is going to help me? ¿Quién me va
(ju is góing tu jelp mi?) a ayudar?

Why did they fire me? ¿Por qué me despidieron?
(júai did déi fáiar mi?) (de un empleo)

Why does he not give me a raise? ¿Por qué él no me
(júai dos ji not guíf mi e réis?) da un aumento?

Which is my time card? ¿Cuál es mi tarjeta
(uích is mái táim card?) de tiempo?

Which is the road to Miami? ¿Cuál es el camino
(uích is di roud tu maiami?) para Miami?

TIEMPO PASADO

La forma más común de expresarse en pasado (algo
que ya ocurrió) es añadiendo al verbo la terminación **ed**, esto no aplica a los verbos irregulares, que
le enseñaremos depués.

I work**ed** in that printing shop Yo trabajé en
(ái uérd in dad prínting chop) esa imprenta

She studi**ed** English in that school Ella estudió inglés
(chi estódid ínglich in dat escúul) en esa escuela

VERBOS IRREGULARES MAS COMUNES

Presente	Presente	Pasado
adquirir	get (guét)	got (got)
alimentarse	feed (fíid)	fed (fed)
agarrar	hold (jold)	held (jeld)
atar	wind (gúaind)	wound (gúund)
beber	drink (drink)	drank (drank)
buscar	seek (síik)	sought (sot)
caer	fall (fol)	fell (fel)
cantar	sing (sing)	sang (sang)
cavar	dig (dig)	dug (dog)
colgar	hang (jang)	hung (jong)
comer	eat (it)	ate (éit)
conducir	drive (dráif)	drove (dróuf)
crecer	grow (gróu)	grew (gru)
decir	say (séi)	said (sed)
dejar	leave (liv)	left (left)
dibujar	draw (dróu)	drew (dru)
dormir	sleep (eslíip)	slept (eslept)
elegir	choose (chúus)	chose (chóus)
empezar	begin (biguín)	began (bigán)
encogerse	shrink (chrink)	shrunk (chronk)
encuadernar	bind (báind)	bound (báund)
enseñar	teach (tíich)	taught (tot)
esconder	hide (jáid)	hid (jid)
escribir	write (ráit)	wrote (róut)
estar	be (bi)	was (guós)
ganar	win (guín)	won (guón)
gastar	spend (espénd)	spent (espént)
guardar	keep (quíip)	kept (quept)
hacer	do (du)	did (did)
hallar	find (fáind)	found (fáund)
helar	freeze (fríiz)	froze (fróuz)

Presente	Presente	Pasado
huir	flee (flíi)	fled (fled)
hundirse	sink (sink)	sank (sánk)
hurtar	steal (estíl)	stole (estóul)
ir	go (góu)	went (güént)
jurar	swear (suéar)	swore (suór)
leer	read (ríid)	read (red)
moler	grind (gráind)	ground (gráund)
morder	bite (báit)	bit (bit)
morir	die (dái)	died (dáid)
nadar	swim (suím)	swam (suám)
oir	hear (jíar)	heard (jerd)
olvidar	forget (forguét)	forgot (forgót)
pagar	pay (péi)	paid (péid)
perder	lose (lus)	lost (lost)
picar	sting (estíng)	stung (estóng)
poner	lay (léi)	laid (léid)
prestar	lend (lend)	lent (lent)
relatar/decir	tell (tel)	told (told)
resbalar	slide (esláid)	slid (eslíd)
saber	know (nóu)	knew (niú)
sacudir	shake (chéik)	shook (chúuc)
sangrar	bleed (blíid)	bled (bled)
sentarse	sit (sit)	sat (sat)
ser	be (bi)	was (uós)
significar	mean (míin)	meant (ment)
soplar	blow (blóu)	blew (blu)
tener	have (jav)	had (jad)
tirar	shoot (chúut)	shot (chot)
usar	wear (uéar)	wore (uór)
vender	sell (sel)	sold (sold)
ver	see (síi)	saw (sóu)
volar	fly (flái)	flew (flu)

PARTICIPIO PRESENTE

El participio presente se llama también gerundio y es cuando la acción del sujeto es actual y se prolonga, por ejemplo: Estoy escribiendo. La acción la estoy realizando y la voy a seguir realizando. En español esos verbos terminan en **ando** o **iendo**. En inglés terminan en **ing**, excepto con las palabras que terminan en **e** y en **ie**. Las que terminan en **e**, como **have** (jav) —tener— pierde la e y se le agrega **ing**, como en hav**ing** (jáving) —teniendo—. Las que terminan en **ie**, se cambia esta terminación por **ying**, como en **lie** (lái) —mentir— l**ying** (láying) —mintiendo—.

I am work**ing**
(ái am uérquing)

Yo estoy trabajando

It is rain**ing**
(it is réining)

Está lloviendo

I hear him talk**ing**
(ái jíar jim tókin)

Yo lo oigo hablando

TIEMPO FUTURO

Para indicar el futuro se utiliza delante del verbo la palabra **will** (uíl) cuando indica voluntad y la palabra **should** (chud) indica deber u obligación.

I go to work
(ái go tu uérk)

Yo voy a trabajar

I **will** go to work
(ái uíl go tu uérk)

Yo iré a trabajar

I **should** go to work
(ái chud go tu uérk)

Yo debería ir a trabajar

I see my mother
(ái si mái móder)

Yo veo a mi madre

I **will** see my mother   Yo veré a mi madre
(ái uíl si mái móder)
I **should** see my mother Yo debería ver a mi madre
(ái chud si mái móder)
They make crackers   Ellos hacen galletas
(déi méik cráquers)
They **will** make crackers   Ellos harán galletas
(déi uíl méik cráquers)
They **should** make crackers   Ellos deberían
(déi chud méik cráquers)   hacer galletas
I have a good job   Yo tengo un buen trabajo
(ái jav e gud llob)
I **will** have a good job   Yo voy a tener
(ái uíl jav e gud llob)   un buen trabajo
I **should** have a good job   Yo debería tener
(ái chud jav e gud llob)   un buen trabajo

MODO IMPERATIVO

La forma imperativa es tan fácil de formar en inglés
como el futuro. Solamente hay que poner el verbo en
infinitivo sin **to** (tu).
Con el verbo **to be** (tu bi)—ser o estar
Be a good worker   Sé un buen trabajador
(bi e gud uérquer)
Con el verbo **to give** (tu guív)—dar
Give me that screwdriver   Dame ese destornillador
(guiv mí dad escrudráiver)
Con el verbo **to come** (tu com)—venir
Come to work tomorrow   Ven a trabajar mañana
(com tu uérk tumórou)
Con el verbo **to do** (tu du)—hacer
Do your work fast and well   Haga su trabajo
(du yúar uérk fast and uél)   rápido y bien

Nuevo
Diccionario
de bolsillo
Best
Español-Inglés
Inglés-Español

ISBN-0-929281-01-2

a **to** (tu)
abajo **under** (ónder)
abandonar **to leave** (tu liv)
abanico **fan** (fan)
abastecer **to supply** (tu soplái)
abecedario **alphabet** (álfabet)
abeja **bee** (bíi)
abertura **aperture** (áperchur)
abierto **open** (ópen)
ablandar **to soften** (tu sófen)
abochornar **to embarrass** (tu embárass)
abofetear **to slap** (tu eslápp)
abogado **lawyer** (lóuyer)
abollado **dented** (dénted)
abolladura **dent** (dent)
abono **fertilizer** (feriláizer)
abordar **to board** (tu bóard)
aborrecer **to hate** (tu jéit)
abotonar **to button** (tu bóton)
abrazar **to hug** (tu jog)
abrelata **can opener** (can ópener)
abridor **opener** (ópener)
abrigo **coat** (cóut)
abril **April** (éipril)
abrir **to open** (tu ópen)
abstenerse **to refrain** (tu rifréin)
abuela **grandmother** (grandmóder)
abuelo **grandfather** (grandfáder)
abultado **bulky** (bólqui)
aburrido **boring** (bóuring)
abuso **abuse** (abíus)
acá **here** (jíar)
acabar **to finish** (tu fínich)
academia **academy** (acádemi)
acanalar **to groove** (tu gruv)
acaso **perhaps** (perjáps)
acatar **to obey** (tu obéi)
acceso **access** (ácces)
accesorio **accessory** (accésori)

2

accidente **accident** (áccident)
acción **action** (ácchion)
aceite **oil** (óil)
aceitera **oiler** (óiler)
aceituna **olive** (óliv)
acelerar **to speed up** (tu espíd op)
acento **accent** (áccent)
aceptar **to accept** (tu accépt)
acera **sidewalk** (said-uók)
acerca de **about** (abáut)
acero **steel** (estíl)
ácido **acid** (ácid)
aclarar **to explain** (tu expléin)
acoger **to welcome** (tu uélcom)
acomodar **to arrange** (tu arréinch)
acompañante **companion** (compánion)
acondicionado **conditioned** (condíchiond)
aconsejar **to advice** (tu adváís)
acontecer **to happen** (tu jápen)
acoplar **to couple** (tu cópel)
acordar **to agree** (tu agrí)
acortar **to shorten** (tu chórten)
acosar **to harass** (tu jarrás)
acostado **in bed** (in bed)
acostar **to lay down** (tu léi dáon)
acostumbrado **accustomed** (acóstomd)
acreditar **to credit** (tu crédit)
acreedor **creditor** (créditor)
actitud **attitude** (átitud)
activar **to activate** (tu activéit)
acto **act** (act)
actual **present** (présent)
acuarela **water color** (uórer cólor)
acuchillar **to stab** (tu estáb)
acudir **to go** (tu go)
acuerdo **agreement** (agríment)
acumulador **battery** (báteri)
acumular **to accumulate** (tu aquiúmuleit)
acusación **accusation** (aquiuséichion)

acusado **accused** (aquiúsd)
acusador **accuser** (aquiúser)
acusar **to accuse** (tu aquiús)
achacar **to impute** (tu impiút)
achaflanar **to bevel** (tu bével)
adaptable **adaptable** (adáptabel)
adelante **ahead** (egéd)
adelanto **advance** (adváns)
adelgazar **to thin out** (tu zin áut)
además **moreover** (móar-over)
adentro **inside** (insáid)
adherir **to affix** (tu afíx)
adiestrado **trained** (tréind)
adiestrar **to train** (tu tréin)
adiós **good bye** (gud bái)
adivinar **to guess** (tu gués)
adjuntar **to enclose** (tu enclóus)
adjunto **attached** (atáchd)
admirar **to admire** (tu admáiar)
admitir **admit** (admít)
adobar **to dress** (tu drés)
adobo **dressing** (drésing)
adolecer **to suffer** (tu sófer)
adonde **where** (úear)
adorno **ornament** (órnament)
adquirir **to acquire** (tu acuáiar)
adrede **on purpose** (on pérpes)
aduana **custom** (cóstom)
adulto **adult** (ádolt)
adverbio **adverb** (ádverb)
advertencia **warning** (uórning)
advertir **to warn** (tu uórn)
aéreo **aerial** (aérial)
aeropuerto **airport** (éarport)
afán **eagerness** (íguernes)
afear **to make ugly** (tu méik ógli)
afectar **to affect** (tu aféct)
afeitada **shave** (chéif)
afeitadora **shaver** (chéiver)

aferrar **to grasp** (tu grasp)
afiche **poster** (póuster)
afilador **sharpener** (chárpener)
afilar **to sharpen** (tu chárpen)
afin **related** (riléited)
afinado **tuned** (tiúnd)
afinar **to tune** (tu tiún)
afirmar **to affirm** (tu afírm)
afligir **to afflict** (tu aflíct)
aflojar **to loosen** (tu lúsen)
afluir **to flow** (tu flóu)
afortunado **lucky** (lóqui)
afrontar **to face** (tu féis)
afuera **outside** (autsáid)
agachar **to bend** (tu bend)
agalla **gall** (gol)
agarradera **handle** (jándel)
agarrar **to grasp** (tu grasp)
agencia **agency** (éillenci)
agente **agent** (éillent)
ágil **agile** (állil)
agilidad **agility** (allíliti)
agitar **to shake** (tu chéik)
agobiar **to overwhelm** (tu overuélm)
agobio **oppression** (opréchion)
agolpar **to crowd** (tu cráud)
agonía **agony** (ágoni)
agosto **August** (ógost)
agotar **to exhaust** (tu exóst)
agraciado **graceful** (gréizful)
agradable **pleasant** (plésent)
agradar **to please** (tu plis)
agradecer **to be grateful** (tu bi gréitful)
agradecido **grateful** (gréitful)
agrandar **to enlarge** (tu enlárch)
agraviar **to offend** (tu ofénd)
agrario **agrarian** (agrárian)
agravante **aggravating** (agravéitin)
agravio **insult** (insólt)

5

agredir **to assault** (tu asólt)
agresión **aggression** (agréchion)
agresivo **aggressive** (agrésiv)
agresor **aggressor** (agrésor)
agriado **sour** (sáuar)
agrietar **to crack** (tu crack)
agrimensor **surveyor** (sórveyor)
agrónomo **agronomist** (agrónomist)
agrupación **group** (grup)
agua **water** (uórer)
aguacate **avocado** (avocádo)
aguacero **shower** (cháuer)
aguamala **jellyfish** (llélifich)
aguantar **to hold** (tu jold)
aguardar **to wait** (tu uéit)
agudo **sharp** (charp)
aguijón **barb** (barb)
águila **eagle** (íguel)
aguinaldo **Christmas bonus** (crístmas bónus)
aguja **needle** (nídel)
agujero **hole** (jóul)
ahí **there** (déar)
ahijado **godchild** (godcháild)
ahogar **to drown** (tu dráon)
ahogo **choking** (chóuquin)
ahondar **to deepen** (tu dípen)
ahora **now** (náo)
ahorcar **to hang** (tu jang)
ahorrar **to save** (tu séif)
ahorro **saving** (séiving)
ahumar **to smoke** (tu esmóuk)
ahusado **tapered** (téipered)
aire **air** (éar)
aislador **insulating** (insuléiting)
aislar **to isolate** (tu aisoléit)
ají **bell pepper** (bel péper)
ajo **garlic** (gárlic)
ajustar **to adjust** (tu adllóst)
ajuste **adjustment** (adllóstment)

ala **wing** (uíng)
alacena **cupboard** (copbóard)
alacrán **scorpion** (escórpion)
alambre **wire** (uáiar)
alargar **to extend** (tu exténd)
alarido **scream** (escrím)
alarma **alarm** (alárm)
alarmar **to alarm** (tu alárm)
alba **dawn** (don)
albañil **mason** (méison)
albóndiga **meat ball** (mit bol)
alboroto **tumult** (túmult)
álbum **album** (álbum)
alcaide **governor** (góvernor)
alcalde **mayor** (méllor)
alcance **reach** (rich)
alcancía **piggy bank** (pígui bank)
alcantarilla **sewer** (súer)
alcanzar **to reach** (tu rich)
alcayata **hooked nail** (júqued néil)
alcohol **alcohol** (alcojól)
aldaba **latch** (latch)
aleación **alloy** (alói)
alegrar **to cheer** (tu chíar)
alegre **happy** (jápi)
alegría **happiness** (jápines)
alejar **to move away** (tu muv euéi)
alergia **allergy** (álerlli)
aleta **fin** (fin)
alfarero **potter** (póter)
alfiler **pin** (pin)
alfombra **carpet** (cárpet)
alforza **pleat** (plit)
algo **something** (sómzing)
algodón **cotton** (cóton)
alguien **somebody** (sombódi)
alguno **some** (som)
alicate **pliers** (pláiers)
aliciente **incentive** (inséntif)

aliento **breath** (brez)
alimentar **to feed** (tu fid)
alimento **food** (fud)
alinear **to align** (tu aláin)
alisar **to smooth** (tu smuz)
alistar **to recruit** (tu recrut)
alivio **relief** (rilíf)
alma **soul** (sóul)
almacén **warehouse** (uerjáus)
almanaque **almanac** (álmanac)
almeja **clam** (clam)
almendra **almond** (álmond)
almíbar **sugar syrup** (chúgar sírop)
almidón **starch** (estárch)
almohada **pillow** (pílou)
almuerzo **lunch** (lonch)
alquilar **to rent** (tu rent)
alrededor **around** (aráund)
alternador **alternator** (alternéitor)
alternativa **choice** (chóis)
alto **high** (jáig)
altoparlante **loudspeaker** (láud-espíquer)
altura **height** (jáit)
alumbrar **light up** (láit op)
aluminio **aluminum** (alúminum)
alumno **pupil** (piúpil)
alzar **to raise** (tu réis)
allá **there** (déar)
allí **there** (déar)
amable **kind** (cáind)
amargo **bitter** (bíter)
amarillo **yellow** (iélou)
amarrar **to tie** (tu tái)
ambición **ambition** (ambíchion)
ambiente **surrounding** (sorráunding)
ambos **both** (bóuz)
amenaza **threat** (zred)
amigo **friend** (frend)
amor **love** (lov)

8

amparar **to protect** (tu protéct)
ampolla **blister** (blíster)
ancla **anchor** (áncor)
ancho **wide** (uáid)
andar **to walk** (tu uók)
ángulo **angle** (ánguel)
anillo **ring** (ring)
anoche **last night** (last náit)
anterior **previous** (prívius)
antes **before** (bifóar)
anual **yearly** (llíarli)
anuncio **advertisement** (advertáisment)
anzuelo **fishhook** (fichjúk)
añadir **to add** (tu ad)
año **year** (llíar)
apadrinar **to sponsor** (tu espónsor)
apagar **to put out** (tu put áut)
apalancar **to lever** (tu léver)
aparecer **to appear** (tu apíar)
aparte **apart** (apárt)
apellido **last name** (last néim)
apero **tool** (tul)
apertura **aperture** (apérchur)
apilar **to pile up** (tu páil op)
aplanar **to level** (tu lével)
aplastar **to crush** (tu croch)
aplicar **to apply** (tu aplái)
apostar **to bet** (tu bet)
apoyar **to rest** (tu rest)
apresurar **to hurry** (tu jérri)
apretar **to hold tight** (tu jold táit)
aprobar **to approve** (tu aprúf)
apunte **note** (nóut)
apurar **to hurry up** (tu jérri op)
aquel **that** (dat)
aquí **here** (jíar)
árbol **tree** (tri)
arder **to burn** (tu bern)
arena **sand** (sand)

9

arma **weapon** (uépon)
arreglar **to arrange** (tu arrénch)
arriba **above** (abóuf)
asa **handle** (jándel)
asar **to roast** (tu róust)
ascensor **elevator** (elevéitor)
así **so** (so)
áspero **rough** (rof)
asunto **matter** (máter)
atar **to tie** (tu tái)
atornillar **to screw** (tu escrú)
atraco **holdup** (joldóp)
atraer **to attract** (tu atráct)
atrás **behind** (bijáind)
atraso **delay** (diléi)
atún **tuna fish** (túna fich)
aula **classroom** (clásrum)
aumento **increase** (incrís)
aún **even** (íven)
aunque **although** (óldou)
autobús **bus** (bos)
automóvil **automobile** (ótomobil)
autopista **highway** (jaiuéi)
auxilio **help** (jelp)
avance **advance** (adváns)
ave **bird** (berd)
avena **oats** (óuts)
avenida **avenue** (áveniu)
avería **damage** (dámach)
avión **airplane** (earpléin)
aviso **notice** (nótiz)
avispa **wasp** (uásp)
ayer **yesterday** (llésterdei)
ayuda **help** (jelp)
ayudante **assistant** (asístant)
ayunar **to fast** (tu fast)
azotea **flat roof** (flat ruf)
azúcar **sugar** (chúgar)
azul **blue** (blu)

azulejo **glazed tile** (gléiz táil)
bacalao **codfish** (codfích)
bahía **bay** (béi)
bailar **to dance** (tu dans)
bajar **to lower** (tu lóuer)
bajo **low** (lóu)
bala **bullet** (búlet)
balance **balance** (bálans)
balanza **scale** (esquéil)
balcón **balcony** (bálconi)
balancear **to rock** (tu rok)
balazo **shot** (chot)
balde **bucket** (bóquet)
baldosa **floor tile** (flóar táil)
balsa **raft** (raft)
banco **bench** (bench)
banda **band** (band)
bandeja **tray** (tréi)
bandera **flag** (flag)
bandido **gangster** (gángster)
banquero **banker** (bánquer)
bañera **bathtub** (baztób)
baño **bath** (baz)
baranda **railing** (réiling)
barato **cheap** (chip)
barba **beard** (bíard)
barbaridad **nonsense** (nonséns)
barbería **barbershop** (bárberchop)
barbero **barber** (bárber)
barco **ship** (chip)
barquillo **ice cream cone** (áis crim cóun)
barniz **varnish** (várnich)
barra **bar** (bar)
barro **mud** (mod)
barrena **bit** (bit)
barrer **to sweep** (tu suíp)
barrera **barrier** (bárrier)
barreta **crowbar** (cróubar)
barriada **neighborhood** (néiborjud)

11

barriga **belly** (béli)
barril **barrel** (bárrel)
barro **mud** (mod)
barrote **rail** (réil)
base **base** (béis)
básico **basic** (béisic)
bastante **enough** (inóf)
bastidor **frame** (fréim)
bastón **cane** (quéin)
basura **garbage** (gárbeich)
batería **battery** (báteri)
batir **to beat** (tu bit)
baúl **trunk** (tronk)
bebé **baby** (béibi)
beber **to drink** (tu drink)
bebida **drink** (drink)
beca **scholarship** (escólarchip)
belleza **beauty** (biúti)
bendición **blessing** (blésing)
beneficiar **to benefit** (tu bénefit)
besar **to kiss** (tu quís)
beso **kiss** (quís)
bestia **beast** (bist)
betún **shoe polish** (chu pólich)
biblioteca **library** (láibrari)
bicicleta **bicycle** (báisiquel)
bien **good** (gúud)
bienvenida **welcome** (uélcom)
bigote **mustache** (mostách)
billete **bill** (bil)
billetera **wallet** (uólet)
bisagra **hinge** (ginch)
bisel **bevel** (bével)
bizcocho **cake** (quéik)
blanco **white** (juáit)
blando **soft** (soft)
blanquear **to bleach** (tu blich)
bloque **block** (blok)
blusa **blouse** (bláus)

12

bobina **spool** (espúl)
bobo **dumb** (domb)
boca **mouth** (máuz)
bocado **bite** (báit)
bocina **speaker** (espíquer)
boda **wedding** (uéding)
bodega **grocery** (gróceri)
bofetada **slap in the face** (esláp in di féis)
bola **ball** (bol)
boleta **ticket** (tíquet)
bolígrafo **ball-point pen** (bol póint pen)
bolsa **bag** (bag)
bolsillo **pocket** (póquet)
bomba **pump** (pomp)
bombilla **light bulb** (láit bolb)
bondad **goodness** (gúdnes)
bonificación **bonus** (bónus)
bonito **pretty** (príti)
bordar **to embroider** (tu embróider)
borde **edge** (edch)
borrar **to erase** (tu iréis)
bota **boot** (búut)
botador **punch** (ponch)
botar **to throw** (tu zróu)
bote **boat** (bóut)
botella **bottle** (bótel)
botica **drug store** (drog estóar)
botón **button** (bóton)
brazo **arm** (arm)
breve **brief** (brif)
brincar **to jump** (tu llomp)
brisa **breeze** (bríiz)
broca **drill bit** (dril bit)
brocha **brush** (broch)
bronce **bronze** (bronz)
bueno **good** (gúud)
buscar **to seek** (tu síik)
buzo **diver** (dáiver)
buzón **mail box** (méil box)

caballo **horse** (jors)
cabello **hair** (jéar)
cabeza **head** (jed)
cable **cable** (quéibol)
cacerola **saucepan** (sóspan)
cada **each** (ich)
cadena **chain** (chéin)
cadera **hip** (jip)
caducar **to expire** (tu expáiar)
caer **to fall** (tu fol)
café **coffee** (cófi)
caja **box** (box)
cajero **cashier** (cachíar)
cajón **big box** (big box)
cal **lime** (láim)
calabaza **pumpkin** (pónquin)
calambre **cramp** (cramp)
calamidad **calamity** (calámiti)
calcar **to trace** (tu tréis)
calcetín **sock** (sok)
calcomanía **decal** (dícal)
calcular **to calculate** (tu calquiuléit)
caldo **broth** (broz)
calefacción **heating** (jíting)
calentador **heater** (jíter)
calentar **to heat** (tu jit)
calibrar **to calibrate** (tu calibréit)
calidad **quality** (cuáliti)
caliente **hot** (jot)
calificar **to qualify** (tu cualifái)
calmar **to quiet** (tu cuáiat)
calor **heat** (jit)
caluroso **hot** (jot)
calva **bald head** (bold jed)
calvo **bald** (bold)
calzado **footwear** (fut-uéar)
calzoncillos **underwear** (onder-úear)
calle **street** (estrít)
callejuela **lane** (léin)

callo **corn** (corn)
cama **bed** (bed)
cámara **chamber** (chéimber)
camarera **waitress** (uéitres)
camarero **waiter** (uéiter)
camarón **shrimp** (chrimp)
cambiar **to change** (tu chéinch)
cambio **change** (chéinch)
camilla **stretcher** (estrétcher)
caminar **to walk** (tu uók)
camino **road** (róud)
camión **truck** (trok)
camioneta **pick up truck** (pik op trok)
camisa **shirt** (chert)
camiseta **undershirt** (ónderchert)
campana **bell** (bel)
campesino **farmer** (fármer)
campo **countryside** (contrisáid)
cana **white hair** (juáit jéar)
canal **canal** (canál)
canario **canary** (cánari)
canasta **basket** (básquet)
canasto **hamper** (jámper)
cancelar **to cancel** (tu cáncel)
canción **song** (song)
candado **padlock** (pádlok)
candela **fire** (fáiar)
cándido **candid** (cándid)
canela **cinnamon** (sínamon)
cangrejo **crab** (crab)
canje **exchange** (exchéinch)
cansado **tired** (táiard)
cantidad **quantity** (cuántiti)
cantinero **bartender** (barténder)
cañería **pipeline** (páip-láin)
caoba **mahogany** (majógani)
capa **layer** (léller)
capataz **foreman** (fórman)
capaz **able** (éibol)

capilla **chapel** (chápel)
capital **capital** (cápital)
capítulo **chapter** (chápter)
cápsula **capsule** (cápsul)
captura **capture** (cápchur)
cara **face** (féis)
caracol **snail** (esnéil)
carácter **character** (cáracter)
caramelo **caramel** (cáramel)
carbón **coal** (cóal)
carburador **carburetor** (carburéitor)
cárcel **jail** (lléil)
carecer **to lack** (tu lak)
careta **mask** (mask)
carga **load** (lóud)
cargo **charge** (charch)
caridad **charity** (cháriti)
cariño **affection** (afécchion)
carne **meat** (mit)
carnicería **meat market** (mit márquet)
caro **expensive** (expénsif)
carpintero **carpenter** (cárpenter)
carrera **race** (réis)
carrete **spool** (espúl)
carretera **highway** (jai-uéi)
carretilla **wheelbarrow** (juilbárrou)
carrilera **track** (trak)
carta **letter** (lérer)
cartera **handbag** (jándbag)
cartero **mailman** (méilman)
cartón **cardboard** (carbóard)
cartucho **bag** (bag)
casa **house** (jáus)
casamiento **wedding** (uéding)
cascada **waterfall** (uórerfol)
cáscara **shell** (chel)
casco **helmet** (jélmet)
casero **domestic** (doméstic)
caso **case** (quéis)

16

caspa **dandruff** (dándruf)
castigar **to punish** (tu pónich)
castigo **punishment** (pónichment)
castillo **castle** (cásel)
casual **accidental** (accidéntal)
catálogo **catalogue** (cátalog)
catarro **cold** (cold)
categoría **category** (categóri)
católico **catholic** (cázolic)
catorce **fourteen** (fortín)
caucho **rubber** (róber)
causa **cause** (cos)
cautela **caution** (cóchion)
cautivo **captive** (cáptiv)
cavar **to dig** (tu dig)
cavidad **cavity** (cáviti)
cayo **key** (quí)
cebolla **onion** (ónion)
ceder **to yield** (tu llild)
cegar **to blind** (tu bláind)
ceja **eyebrow** (aibráu)
celda **cell** (sel)
cemento **cement** (simént)
cementerio **cemetery** (sémeteri)
cena **supper** (sóper)
cenicero **ashtray** (achtréi)
ceniza **ash** (ach)
centavo **cent** (cent)
centeno **rye** (rái)
centenar **one hundred** (uán jóndred)
central **central** (céntral)
centro **center** (cénter)
cepillo **brush** (bróch)
cera **wax** (uáx)
cerámica **pottery** (póteri)
cerca **fence** (fens)
cercano **near** (níar)
cerdo **pig** (pig)
cereal **cereal** (síreal)

17

cerebro **brain** (bréin)
cereza **cherry** (chérri)
cerilla **earwax** (íaruax)
cerillo **match** (mátch)
cero **zero** (zírou)
cerrado **closed** (clóusd)
cerradura **lock** (lok)
cerrajero **locksmith** (loksmíz)
cerrar **to close** (tu clóus)
cerrojo **latch** (latch)
cerveza **beer** (bíar)
cesante **unemployed** (onemplóid)
cesantía **laid off** (léid of)
cesta **basket** (básquet)
cicatriz **scar** (escár)
ciclo **cycle** (sáiquel)
ciego **blind** (bláind)
cielo **sky** (escái)
cien **one hundred** (uán jóndred)
ciénaga **swamp** (suámp)
ciencia **science** (sáiens)
cierre **locking** (lóquin)
cierto **true** (tru)
cifra **figure** (fíguiur)
cigarrillo **cigarette** (cígarret)
cigüeñal **crankshaft** (crancháft)
cimiento **foundation** (faondéichion)
cincel **chisel** (chísel)
cine **cinema** (cinéma)
cinta **ribbon** (ríbon)
cinto **belt** (belt)
círculo **circle** (círquel)
circulación **circulation** (circuléichion)
ciruela **plum** (plom)
cirugía **surgery** (sérlleri)
cita **appointment** (apóiment)
citación **citation** (saitéichion)
ciudad **city** (círy)
ciudadano **citizen** (cíticen)

clara **egg white** (eg juáit)
claridad **clarity** (cláriti)
claro **clear** (clíar)
clase **class** (class)
clasificar **to classify** (tu clasifái)
clavar **to nail** (tu néil)
clave **key** (quí)
clavija **peg** (peg)
clavo **nail** (néil)
clemencia **mercy** (mérsi)
cliente **customer** (cóstomer)
clima **climate** (cláimet)
clínica **clinic** (clínic)
cloro **chlorine** (clorín)
cobarde **coward** (cóuard)
cobrar **to collect** (tu coléct)
cobre **copper** (cóper)
cocina **kitchen** (quítchen)
coco **coconut** (cóconut)
cochino **dirty** (déri)
código **code** (cóud)
codo **elbow** (élbou)
cofre **chest** (chest)
coger **to take** (tu téik)
cojín **cushion** (cúchion)
cola **glue** (glu)
colar **to strain** (tu estréin)
colcha **bedspread** (bed-espréd)
colchón **mattress** (mátres)
coleccionar **to collect** (tu coléct)
colegio **school** (escúul)
cólera **anger** (ánguer)
colgar **to hang** (tu jang)
colilla **butt** (bot)
colocar **to place** (tu pléis)
color **color** (cólor)
colorado **red** (red)
columna **column** (cólum)
collar **necklace** (néc-las)

combar **to bend** (tu bend)
comedor **dining room** (dáining rum)
comentar **to comment** (tu cóment)
comenzar **to begin** (tu biguín)
comer **to eat** (tu it)
comida **food** (fúud)
como **as** (as)
cómo **how** (jáu)
cómodo **comfortable** (comfórtabol)
compañero **partner** (párner)
compañía **company** (cómpani)
comparar **to compare** (tu compéar)
comparecer **to appear** (tu apíar)
compartir **to share** (tu chéar)
compás **compass** (cómpas)
complacer **to please** (tu plis)
complejo **complex** (compléx)
completo **complete** (complít)
componer **to fix** (tu fix)
compra **purchase** (pérches)
comprar **to buy** (tu bái)
comprender **to understand** (tu onderestánd)
comprimir **to compress** (tu comprés)
comprobar **to check** (tu chek)
compuerta **hatch** (jatch)
compuesto **compound** (compáond)
común **common** (cómon)
con **with** (uíz)
conceder **to grant** (tu grant)
concepto **concept** (cóncept)
concertar **to arrange** (tu arréinch)
concluir **to finish** (tu fínich)
condición **condition** (condíchion)
condón **condom** (cóndom)
conducir **to drive** (tu dráif)
conducta **behavior** (bijéivior)
confiar **to trust** (tu trost)
confidencial **confidential** (confidénchial)
confirmar **to confirm** (tu confírm)

20

confundir **to confuse** (tu confiús)
congelar **to freeze** (tu friz)
conmigo **with me** (uíz mi)
conocer **to know** (tu nóu)
consecuencia **consequence** (cónsecuens)
conseguir **to get** (tu guét)
consejero **adviser** (adváiser)
consejo **advice** (adváis)
conserva **preserve** (prisérf)
considerar **to consider** (tu consíder)
constante **constant** (cónstant)
consultar **to consult** (tu consólt)
contabilidad **accounting** (acáunting)
contado **cash** (cach)
contar **to count** (tu cáont)
contestar **to answer** (tu ánser)
contigo **with you** (uíz yu)
contrario **contrary** (cóntrari)
copia **copy** (cópi)
corazón **heart** (jart)
corbata **necktie** (nektái)
corcho **cork** (cork)
cordel **cord** (cord)
correa **belt** (belt)
correcto **correct** (corréct)
correo **mail** (méil)
correr **to run** (tu ron)
cortar **to cut** (tu cot)
corte **cut** (cot)
corteza **bark** (bark)
corto **short** (chort)
cosa **thing** (zing)
coser **to sew** (tu so)
costado **side** (sáid)
costoso **expensive** (expénsif)
costumbre **custom** (cóstom)
costura **seam** (sim)
crédito **credit** (crédit)
crema **cream** (crim)

cremallera **rack** (rak)
criado **servant** (sérvant)
criar **to breed** (tu brid)
crimen **crime** (cráim)
crisis **crisis** (cráisis)
cristal **glass** (glas)
crítica **criticism** (criticísm)
cruce **crossing** (crósing)
crudo **crude** (crud)
cruzar **to cross** (tu cros)
cuadra **block** (blok)
cuadrado **square** (escuéar)
cual **which** (uích)
cualquiera **anyone** (éniuan)
cuando **when** (uén)
cuánto **how much** (jáu moch)
cuarenta **forty** (fóri)
cuarto **room** (rum)
cuatro **four** (fóar)
cubo **bucket** (bóquet)
cubrir **to cover** (tu cóver)
cuchara **spoon** (espún)
cuello **neck** (nek)
cuenta **bill** (bil)
cuento **story** (estóri)
cuerda **rope** (róup)
cuerpo **body** (bódi)
cuidado **care** (quéar)
cuña **wedge** (uédch)
curso **course** (córs)
curvo **curved** (quervd)
custodia **custody** (cóstodi)
chaflán **chamfer** (chánfer)
chaleco **vest** (vest)
chantaje **blackmail** (blakméil)
champú **shampoo** (champú)
chapa **plate** (pléit)
chaqueta **jacket** (lláket)
charco **puddle** (pódel)

charla **chat** (chat)
chatarra **junk** (llonk)
chato **flat** (flat)
chaveta **cotter pin** (cóter pin)
cheque **check** (chek)
chequera **checkbook** (chekbúk)
chico **small** (esmól)
chícharo **pea** (pi)
chiflar **to whistle** (tu uísel)
chimenea **fireplace** (faiarpléis)
chiquero **pigpen** (pígpen)
chispa **spark** (espárk)
chiste **joke** (llóuk)
chocar **to clash** (tu clach)
chocolate **chocolate** (chócolet)
choque **collision** (colíchion)
chorizo **sausage** (sósech)
chorrear **to drip** (tu drip)
chuleta **chop** (chop)
chupar **to suck** (tu sok)
chupete **pacifier** (pacifáiar)
chusma **rabble** (rábel)
dado **dice** (dáis)
dama **lady** (léidi)
dañar **to damage** (tu dámach)
dar **to give** (tu guíf)
dátil **date** (déit)
de **of** (of)
debajo **below** (bilóu)
deber **duty** (diúri)
debilidad **weakness** (uíknes)
decaer **decline** (dicláin)
decena **ten** (ten)
decir **to say** (tu séi)
decidir **to decide** (tu disáid)
decisión **decision** (decíchion)
decoración **decoration** (decoréichion)
dedal **thimble** (zímbel)
dedicar **to dedicate** (tu dediquéit)

D

23

dedo **finger** (fínguer)
deducción **deduction** (didócchion)
defecto **defect** (diféct)
defensa **defense** (diféns)
defensor **defender** (difénder)
deficiencia **deficiency** (defíchensi)
definir **to define** (tu difáin)
definitivo **definitive** (defínitiv)
deformar **to deform** (tu difórm)
dejado **indolent** (índolent)
dejar **to leave** (tu lif)
del **of the** (of di)
delantal **apron** (éipron)
delante **before** (bifóar)
delantero **front** (front)
deletrear **to spell** (tu espél)
delgado **thin** (zin)
delicado **delicate** (déliquet)
delito **crime** (cráim)
demanda **claim** (cléim)
demás **other** (óder)
demasiado **too much** (tu moch)
demolición **demolition** (demolíchion)
demonio **devil** (dévil)
demorar **to delay** (tu diléi)
denegar **to deny** (tu dinái)
denominar **to name** (tu néim)
denso **dense** (dens)
dentista **dentist** (déntist)
dentro **inside** (insáid)
denunciar **to denounce** (tu dináons)
departamento **department** (dipárment)
dependiente **dependent** (dipéndent)
deporte **sport** (espórt)
depositar **to deposit** (tu dipósit)
depósito **deposit** (dipósit)
depresión **depression** (dipréchion)
derecha **right hand** (ráit jand)
derecho **right** (ráit)

derramar **to spill** (tu spil)
derrame **spill** (spil)
derretir **to melt** (tu melt)
derribar **to demolish** (tu demólich)
derrochar **to waste** (tu uéist)
derrotar **to defeat** (tu difít)
derrumbe **collapse** (coláps)
desabrochar **to unfasten** (tu onfásen)
desacierto **mistake** (mistéik)
desacuerdo **disagreement** (disagríment)
desafío **challenge** (chálench)
desafortunado **unfortunate** (onfórtuneit)
desagradable **unpleasant** (onplésent)
desaguar **to drain** (tu dréin)
desagüe **drain** (dréin)
desahogo **relief** (rilíf)
desamparar **to abandon** (tu abándon)
desanimado **discouraged** (discóoraechd)
desangrar **to bleed** (tu blid)
desaparecer **to disappear** (tu disapíar)
desarreglar **to disarrange** (tu disarrénch)
desarreglo **disorder** (disórder)
desarrollar **to develop** (tu divélop)
desastre **disaster** (disáster)
desatar **to untie** (tu ontái)
desatornillar **to unscrew** (tu onscrú)
desayuno **breakfast** (brékfast)
desbaratar **to destroy** (tu distrói)
desbordar **to overflow** (tu overflóu)
descabezar **to behead** (tu bijéd)
descalificar **disqualify** (discuálifai)
descalzo **barefoot** (béarfut)
descansar **to rest** (tu rest)
descanso **rest** (rest)
descarga **discharge** (dischárch)
descargar **to unload** (tu onlóud)
descender **to go down** (tu go dáon)
descenso **descent** (descént)
descentrado **off center** (of cénter)

desclavar **to unnail** (tu on-néil)
descolgar **to unhang** (tu onjáng)
descolorar **to discolor** (tu discólor)
desconectar **to disconnect** (tu disconéct)
desconfianza **mistrust** (mistróst)
desconfiar **to distrust** (tu distróst)
desconocido **unknown** (on-nóun)
descontar **to discount** (tu discáont)
descorchador **corkscrew** (corkescrú)
descoser **unsew** (onsó)
descrédito **discredit** (discrédit)
descubrir **to discover** (tu discóver)
descuento **discount** (discáont)
descuidar **to neglect** (tu neglét)
desde **since** (sins)
desear **to want** (tu uónt)
desechar **to discard** (tu discárd)
desecho **waste** (uéist)
desempacar **to unpack** (tu onpák)
desempleo **unemployment** (onemplóiment)
desempolvar **to dust** (tu dost)
desenchufar **to unplug** (tu onplóg)
desencolar **to unglue** (tu onglú)
desengaño **disillusion** (disilúchion)
deseo **desire** (disáiar)
desgarrar **to tear** (tu téar)
deshacer **to undo** (tu ondú)
desierto **desert** (désert)
desinfectar **to disinfect** (tu disinféct)
desinflar **to deflate** (tu difléit)
desistir **to desist** (tu desíst)
deslizar **to slip** (tu slip)
desmayo **faint** (féint)
desmentir **to deny** (tu dinái)
desmochar **to cut off** (tu cot of)
desmontar **to dismount** (tu dismaónt)
desnivelar **to unlevel** (tu onlével)
desnudar **to undress** (tu ondrés)
desnudo **naked** (néiqued)

26

desobedecer to disobey (tu disovéi)
desocupado vacant (véicant)
desodorante deodorant (diódorant)
desoldar to unsolder (tu onsólder)
despacio slowly (eslóuli)
despachar to dispatch (tu dispátch)
despedir to fire (tu fáiar)
despejar to clear (tu clíar)
despensa pantry (pántri)
desperfecto defect (diféct)
despertador alarm clock (alárm clók)
despertar to wake up (tu uéik op)
despido layoff (léiof)
desplazar to displace (tu displéis)
destajo piecework (pis-uérk)
destapar to uncover (tu oncóver)
destituir to dismiss (tu dismís)
destornillador screwdriver (escrudráiver)
destruir to destroy (tu distrói)
desunir to take apart (tu téik apárt)
desvestir to undress (tu ondrés)
detener to stop (tu estóp)
detergente detergent (ditérllent)
deuda debt (debt)
devanado winding (uáinding)
devolver to return (tu ritórn)
día day (déi)
diamante diamond (dáimond)
dibujar to draw (tu dróu)
diciembre December (dicémber)
dictado dictation (dictéichion)
diente tooth (tuz)
dieta diet (dáiet)
diferencia difference (díferens)
difícil difficult (díficolt)
dilatar to dilate (tu dailéit)
diluir to dilute (tu dailút)
dimensión dimension (diménchion)
dimitir to resign (tu risáin)

27

dinero **money** (móni)

Dios **God** (god)

dirección **address** (ad-drés)

director **director** (dairéctor)

dirigente **leader** (líder)

discar **to dial** (tu dáial)

disco **disk** (disk)

disculpa **excuse** (exquíus)

discutir **to argue** (tu árguiu)

disminuir **to diminish** (tu dimínich)

disolver **to dissolve** (tu disólv)

disparar **to shoot** (tu chut)

diverso **diverse** (daivérs)

dividir **to divide** (tu diváid)

doblar **to bend** (tu bend)

doble **double** (dóbel)

doblez **crease** (criss)

doce **twelve** (tuélf)

docena **dozen** (dózen)

dócil **docile** (dócil)

doctor **doctor** (dóctor)

documento **document** (dóquiument)

dolor **pain** (péin)

doloroso **painful** (péinful)

donativo **gift** (guíft)

dónde **where** (uéar)

donde quiera **anywhere** (eniuéar)

dorado **golden** (gólden)

dormir **to sleep** (tu eslíp)

dormitorio **bedroom** (bédrum)

dorso **back** (bak)

dos **two** (tu)

dosel **canopy** (cánopi)

draga **dredge** (drech)

droguería **drug store** (drog estóar)

dudar **to doubt** (tu dáut)

dueño **owner** (óuner)

dulce **sweet** (suít)

durante **during** (diúring)

28

durar **to last** (tu last)
duro **hard** (jard)
economía **economy** (ecónomi)
económico **economic** (económic)
echar **to throw** (tu zróu)
edad **age** (éich)
edición **edition** (edíchion)
edificio **building** (bílding)
educación **education** (eduquéichion)
efecto **effect** (iféct)
eficaz **effective** (iféctif)
egoísmo **selfishness** (selfíchness)
egoísta **selfish** (sélfich)
eje **axle** (áxel)
ejecutar **to execute** (tu exequíut)
ejecutivo **executive** (exéquiutif)
ejemplar **model** (módel)
ejemplo **example** (exámpel)
ejercer **to practice** (tu práctis)
ejercicio **exercise** (exersáis)
ejército **army** (ármi)
el **the** (di)
él **he** (ji)
elástico **elastic** (elástic)
electricidad **electricity** (electríciti)
electricista **electrician** (electríchian)
eléctrico **electric** (eléctric)
electrónico **electronic** (electrónic)
elegante **elegant** (élegant)
elegir **to choose** (tu chuss)
elemental **elementary** (eleméntari)
elemento **element** (élement)
elevador **elevator** (elevéitor)
elevar **to raise** (tu réis)
eliminar **to eliminate** (tu eliminéit)
eludir **to avoid** (tu avóid)
ella **she** (chi)
ello **it** (it)
embarazo **pregnancy** (prégnanci)

E

embarque **shipment** (chípment)
émbolo **piston** (píston)
embotellar **to bottle** (tu bótel)
embrague **clutch** (clotch)
embudo **funnel** (fónel)
emitir **to emit** (tu emít)
emoción **emotion** (imóuchion)
emotivo **emotional** (imóuchional)
empacar **to pack** (tu pak)
empacho **indigestion** (indilléstion)
empanizar **to bread** (tu bred)
empapar **to soak** (tu sóuk)
empapelar **to wallpaper** (tu uolpéiper)
emparedado **sandwich** (san uích)
emparejar **to level off** (tu lével of)
empaste **tooth filling** (tuz fíling)
empatar **to tie** (tu tái)
empeñar **to pawn** (tu páon)
empeño **pledge** (pledch)
empezar **to begin** (tu biguín)
empleado **employee** (emplollí)
emplear **to employ** (tu emplói)
empleo **job** (llob)
empollar **to hatch** (tu jatch)
emprender **to start** (tu estárt)
empresa **enterprise** (enterpráis)
empujar **to push** (tu puch)
en **in** (in)
enamorado **in love** (in lov)
encadenar **to chain** (tu chéin)
encajar **to insert** (tu insért)
encaramar **to raise** (tu réis)
encarar **to face** (tu féis)
encargar **to order** (tu órder)
encender **to light** (tu láit)
encerar **to wax** (tu uáx)
encerrar **lock up** (lok op)
encía **gum** (gom)
encima **above** (abóuf)

30

encoger **to shrink** (tu chrink)
encolar **to glue** (tu glu)
encontrar **to find** (tu fáind)
encubrir **to cover** (tu cóver)
encuentro **meeting** (míting)
encuerado **naked** (néiqued)
encuesta **poll** (pol)
enchufe **socket** (sóquet)
endeble **weak** (uík)
enderezar **to straighten** (tu estréiten)
endulzar **to sweeten** (tu suíten)
endurecer **to harden** (tu járden)
enemigo **enemy** (énemi)
energía **energy** (énerlli)
enérgico **energetic** (enerllétic)
enero **January** (llánuari)
enfermar **to get sick** (tu guét sik)
enfermedad **sickness** (síknes)
enfermera **nurse** (ners)
enfermo **sick** (sik)
enfocar **to focus** (tu fóucus)
enfrente **in front** (in front)
enfriar **to cool** (tu cul)
enganchar **to hitch** (tu jitch)
engomar **to gum** (tu gom)
engordar **to get fat** (tu guét fat)
engranaje **gearing** (guíaring)
engranar **to gear** (tu guíar)
engrasar **to grease** (tu gris)
engrase **lubrication** (lubriquéichion)
engrudo **paste** (péist)
enjuagar **to rinse** (tu rins)
enjuiciar **to prosecute** (tu prosequíut)
enlace **link** (link)
enlatar **to can** (tu can)
enmendar **to correct** (tu corréct)
enmienda **correction** (corrékchion)
ennegrecer **to blacken** (tu bláken)
enojado **angry** (ángri)

enorme **huge** (jiúch)
enredar **to entangle** (tu entánguel)
enrollar **to roll** (tu rol)
ensalada **salad** (sálad)
ensartar **to thread** (tu zred)
ensayo **test** (test)
enseñar **to teach** (tu tich)
entallar **to fit** (tu fit)
entender **to understand** (tu onderstánd)
entero **entire** (entáiar)
enterrar **to bury** (tu bérri)
entonces **then** (den)
entorpecer **to obstruct** (tu obstróck)
entrada **entrance** (éntrans)
entrar **to enter** (tu énter)
entre **between** (bituín)
entrega **delivery** (delívery)
entrenador **trainer** (tréiner)
entrenar **to train** (tu tréin)
entrevista **interview** (interviú)
envase **packing** (páquin)
enviar **to send** (tu send)
envidiar **to envy** (tu énvi)
envoltura **wrapping** (ráping)
época **era** (íra)
equilibrar **to balance** (tu bálans)
equipaje **baggage** (bágueich)
equipo **equipment** (ecuípment)
equivocación **mistake** (mistéik)
escalera **stairs** (estéars)
escándalo **scandal** (escándal)
escalón **step** (estép)
escabar **to scratch up** (tu escrách op)
escaso **scarce** (escárs)
escoba **broom** (brum)
escofina **rough rasp** (rof rasp)
escoger **to choose** (tu chuss)
esconder **to hide** (tu jáid)
escoplo **chisel** (chísel)

32

escribir **to write** (tu ráit)
escuchar **to listen** (tu lísen)
escuela **school** (escúl)
escupir **to spit** (tu espít)
escurrir **to drain** (tu dréin)
ese **that** (dat)
esfuerzo **effort** (éfort)
eslabón **link** (link)
esmaltar **to enamel** (tu enámel)
esmeril **emery** (émeri)
espaciar **to space** (tu espéis)
espacio **space** (espéis)
espalda **back** (bak)
español **Spanish** (espánich)
espátula **spatula** (espátula)
especial **special** (espéchial)
especialista **specialist** (espéchialist)
especie **kind** (cáind)
específico **specific** (espécific)
espejo **mirror** (mírror)
espera **wait** (uéit)
esperanza **hope** (jóup)
espeso **thick** (zik)
espesor **thickness** (zíkness)
espiga **pin** (pin)
esponja **sponge** (espónch)
esposa **wife** (uáif)
esposo **husband** (jósband)
espuma **foam** (fom)
esquema **diagram** (dáiagram)
esquina **corner** (córner)
esta **this** (dis)
establecer **to establish** (tu estáblich)
estaca **stake** (estéik)
estación **station** (estéichion)
estacionar **to park** (tu park)
estar **to be** (tu bi)
este **this** (dis)
estilo **style** (estáil)

estimular **to stimulate** (tu estímiuleit)
estirar **to stretch** (tu estrétch)
estrategia **strategy** (estrátelli)
estudiante **student** (estúdent)
estupendo **wonderful** (uónderful)
etapa **stage** (estéich)
evaluar **to evaluate** (tu evaluéit)
evidencia **evidence** (évidens)
evitar **to avoid** (tu avóid)
exacto **exact** (ecsát)
exceder **to exceed** (tu ecsíd)
excéntrico **eccentric** (ecséntric)
excepción **exception** (ecsépchion)
exceso **excess** (ecséss)
excusar **to excuse** (tu exquíus)
exento **exempt** (ecsémt)
exigir **to demand** (tu dimánd)
experiencia **experience** (expíriens)
experto **expert** (éxpert)
exponer **to expose** (tu expóus)
expresar **to express** (tu exprés)
exprimidor **squeezer** (escuíser)
extender **to extend** (tu exténd)
extensión **extension** (exténchion)
extranjero **foreigner** (fóreiner)
extremo **extreme** (extrím)
fábrica **factory** (fáctori)
fabricante **manufacturer** (maniufácturer)
fácil **easy** (ísi)
facilitar **to facilitate** (tu facilitéit)
factor **factor** (fáctor)
factura **invoice** (ínvoice)
facha **aspect** (áspect)
faja **girdle** (guérdel)
falda **skirt** (esquért)
falso **false** (fols)
falta **lack** (lak)
faltar **to be absent** (tu bi ábsent)
fallecer **to die** (tu dái)

falla fault (folt)
fallo verdict (vérdit)
fama fame (féim)
familia family (fámili)
famoso famous (féimous)
fango mud (mod)
fantástico fantastic (fantástic)
fardo bundle (bóndel)
farmacia pharmacy (fármaci)
faro lighthouse (láitjaus)
fatal fatal (féital)
fatiga fatigue (fatíg)
favor favor (féivor)
favorito favorite (féivorit)
fe faith (féiz)
febrero February (fébruari)
fecha date (déit)
fechar to date (tu déit)
felicidad happiness (jápiness)
feliz happy (jápi)
felpa plush (ploch)
femenino feminine (féminin)
fenómeno phenomenon (fenómenon)
feo ugly (ógli)
féretro coffin (cófin)
feria fair (féar)
fermentar to ferment (tu fermént)
ferretería hardware (jard-uéar)
ferrocarril railroad (reilróud)
fianza bond (bond)
fiar to give credit (tu guíff crédit)
fibra fiber (fáiber)
ficha chip (chip)
fiebre fever (fíver)
fiel faithful (féisful)
fijar to fasten (tu fásen)
fijo firm (firm)
fila row (róu)
filo cutting edge (cóting edch)

filtrar **to filter** (tu fílter)
filtro **filter** (fílter)
final **end** (end)
finalizar **to end** (tu end)
fino **fine** (fáin)
firma **signature** (sígnachur)
firme **firm** (firm)
flaco **skinny** (esquíni)
flecha **arrow** (árrou)
fleje **strap** (estráp)
flete **freight** (fréit)
flotar **to float** (tu flóut)
fluorescente **fluorescent** (fluorécent)
fondo **bottom** (bóron)
forma **form** (form)
forzar **to force** (tu fors)
fósforo **match** (match)
foto **photo** (fóro)
fracción **fraction** (frákchion)
frágil **fragile** (frállil)
frazada **blanket** (blánquet)
fregar **to wash** (tu uách)
freír **to fry** (tu frái)
frenar **to brake** (tu bréik)
frente **front** (front)
frío **cold** (cold)
fruta **fruit** (frut)
fuego **fire** (fáiar)
fuelle **bellow** (bélou)
fuerte **strong** (estróng)
fumar **to smoke** (tu esmóuk)
fundir **to melt** (tu melt)
futuro **future** (fiúcher)
gabinete **cabinet** (cábinet)
galería **gallery** (gáleri)
galón **gallon** (gálon)
galleta (salada)**cracker** (cráquer)
galleta (dulce) **cookie** (cúqui)
gallina **hen** (gen)

G

36

gallo **cock** (cok)
gana **desire** (disáiar)
ganancia **profit** (prófit)
ganado **cattle** (cátel)
ganador **winner** (uíner)
ganar **to win** (tu uín)
gancho **hook** (juk)
ganga **bargain** (bárguein)
garaje **garage** (garách)
garantía **guarantee** (guárantii)
garbanzo **chickpea** (chikpí)
garganta **throat** (zróut)
gárgara **gargle** (gárguel)
gas **gas** (gas)
gasa **gauze** (goz)
gaseosa **soda** (sóda)
gasolina **gasoline** (gásolin)
gastar **to spend** (tu espénd)
gasto **expense** (expéns)
gato **cat** (cat)
gaveta **drawer** (dróuer)
generador **generator** (lleneréitor)
general **general** (lléneral)
gente **people** (pípol)
gerencia **management** (mánachment)
gerente **manager** (mánaller)
gesto **expression** (expréchion)
girar **to revolve** (tu rivólv)
glándula **gland** (gland)
golpe **hit** (jit)
goma **rubber** (róber)
gordo **fat** (fat)
gorra **cap** (cap)
gota **drop** (drop)
gotera **leak** (lik)
gotero **dropper** (dróper)
gozar **to enjoy** (tu enllói)
grabar **to engrave** (tu engréiv)
gracias **thanks** (zánks)

grado **degree** (digrí)
grande **large** (larch)
granel **bulk** (bolk)
granito **granite** (gránait)
grano **grain** (gréin)
grapa **clamp** (clamp)
grasa **grease** (gris)
gremio **trade union** (tréid yúnion)
grieta **crack** (crak)
grifo **faucet** (fócet)
gripe **flu** (flu)
grito **scream** (escrím)
grúa **crane** (créin)
grueso **thick** (zik)
guacal **crate** (créit)
guante **glove** (glóuv)
guardar **to keep** (tu quíp)
guardia **guard** (gard)
guiar **to guide** (tu gáid)
gusano **worm** (uórm)
gusto **taste** (téist)
habichuela **string bean** (estríng bin)
hábil **skillful** (esquílful)
habitación **room** (rum)
hábito **custom** (cóstom)
hablar **speak** (espíc)
hacer **to do** (tu du)
hacia **toward** (tóuard)
hacha **ax** (ax)
halar **to pull** (tu pul)
hallar **to find** (tu fáind)
hambriento **hungry** (jóngri)
haragán **lazy** (léisi)
harapo **rag** (rag)
harina **flour** (fláuar)
harto **full** (ful)
hasta **until** (ontíl)
hebilla **buckle** (bóquel)
hebra **thread** (zred)

H

38

hecho **fact** (fact)
helado **ice cream** (áis crim)
helar **to freeze** (tu friz)
hembra **female** (fímeil)
hendidura **crack** (crak)
herencia **inheritance** (ingéritans)
herir **to hurt** (tu gert)
hermana **sister** (síster)
hermano **brother** (bróder)
hermético **hermetic** (germétic)
hermoso **beautiful** (biútiful)
herramienta **tool** (tul)
herrero **blacksmith** (blákesmiz)
hervir **to boil** (tu bóil)
hielo **ice** (áis)
hierba **grass** (gras)
hierro **iron** (áiron)
hígado **liver** (líver)
hija **daughter** (dórer)
hijo **son** (son)
hilera **row** (róu)
hilo **thread** (zred)
hipo **hiccough** (jícof)
hombre **man** (man)
hombro **shoulder** (chóulder)
horizontal **horizontal** (jorizóntal)
horma **form** (form)
horno **oven** (óven)
hospital **hospital** (jóspital)
hotel **hotel** (joutél)
hoy **today** (tudéi)
huelga **strike** (estráik)
hueso **bone** (bóun)
huevo **egg** (eg)
hule **rubber** (róber)
humedad **humidity** (giumíditi)
hundir **to sink** (tu sink)
ida **departure** (dipárchur)
idea **idea** (aidía)

I

39

ideal **ideal** (aidíal)
idéntico **identical** (aidéntical)
identificar **to identify** (tu aidentifái)
idioma **language** (lán ueich)
igual **equal** (ícual)
ilegal **illegal** (ilígal)
ileso **unhurt** (ongért)
ilícito **illicit** (ilícit)
iluminar **to light** (tu láit)
imán **magnet** (mágnet)
imitar **to imitate** (tu imitéit)
impaciente **impatient** (impéichen)
impar **odd** (od)
imparcial **impartial** (impárchial)
impedir **to impede** (tu impíd)
imperfecto **imperfect** (impérfect)
impermeable **waterproof** (uorerprúf)
implantar **to implant** (tu implánt)
implicar **to imply** (tu implái)
imponer **to impose** (tu impóus)
importante **important** (impórtant)
importe **amount** (amáunt)
imposible **impossible** (impósibel)
imprenta **printing shop** (prínting chop)
impresionar **to impress** (tu imprés)
impreso **printed** (prínted)
imprevisto **unexpected** (onexpécted)
improbable **unlikely** (onláicli)
improvisar **to improvise** (tu improváis)
impuesto **tax** (tax)
impulso **impulse** (impóls)
impuro **impure** (impiúr)
inaceptable **unacceptable** (onacéptabol)
inactivo **inactive** (ináctiv)
inadecuado **inadequate** (inádecueit)
inaplicable **inapplicable** (ináplicabol)
incansable **tireless** (táiarles)
incapacidad **inability** (inabíliti)
incapaz **unable** (onéibol)

40

incendio **fire** (fáiar)
incentivo **incentive** (incéntiv)
incidente **incident** (íncident)
incierto **uncertain** (oncértan)
inclinación **inclination** (inclinéichion)
inclinar **to incline** (tu incláin)
incluir **to enclose** (tu enclóus)
incluso **included** (inclúded)
incoloro **colorless** (cólorles)
incombustible **fireproof** (fáiarpruf)
incómodo **uncomfortable** (oncómfortabol)
incompleto **incomplete** (incomplít)
incontable **countless** (cáontles)
incorrecto **incorrect** (incorréct)
increíble **incredible** (incrédibel)
incrustar **inlay** (inléi)
indebido **improper** (impróper)
indecencia **indecency** (indícensi)
indeciso **undecided** (on dis áided)
indicar **to point out** (tu póint áut)
índice **index** (índex)
indicio **sign** (sáin)
indignado **angry** (ángri)
indiferente **indifferent** (indíferent)
indirecta **hint** (jínt)
indisponer **to indispose** (tu indispóus)
industria **industry** (índostri)
ineficaz **ineffective** (ineféctiv)
inesperado **unexpected** (onexpéced)
inexperto **unskilled** (onesquíld)
infección **infection** (inféc-chion)
infeliz **unhappy** (onjápi)
inferior **inferior** (infírior)
infestar **to infect** (tu inféct)
infierno **hell** (jell)
inflar **to inflate** (tu infléit)
información **information** (informéichion)
informe **report** (ripórt)
inglés **English** (ínglich)

41

ingresar **to enter** (tu énter)
ingreso **revenue** (réveniu)
inicial **initial** (iníchial)
injusto **unfair** (onféar)
inocente **innocent** (ínocent)
inscribir **to register** (tu réllister)
instalar **to install** (tu instól)
instante **instant** (ínstant)
insulto **insult** (ínsolt)
interior **interior** (intírior)
inútil **useless** (iúsles)
ir **to go** (tu go)
irreal **unreal** (onríal)
isla **island** (áiland)
izquierda **left** (left)
jabón **soap** (sóup)
jabonera **soap dish** (sóup dich)
jalar **to pull** (tu pul)
jalea **jelly** (lléli)
jamás **never** (néver)
jamón **ham** (jam)
jaqueca **headache** (jedéik)
jardín **flower garden** (fláuar gárden)
jardinero **gardener** (gárdener)
jarra **pitcher** (pítcher)
jarro **jar** (llar)
jaula **cage** (quéich)
jefe **chief** (chif)
jornal **wages** (uéilles)
jornalero **day laborer** (dey léiborer)
joyero **jeweler** (llúler)
juego **game** (guéim)
juez **judge** (lloch)
jugador **player** (pléller)
jugar **to play** (tu pléi)
juguete **toy** (tói)
jurar **to swear** (tu suéar)
justo **just** (llost)
juventud **youth** (lluz)

juzgado **court** (cort)
juzgar **to judge** (tu llodch)
kilogramo **kilogram** (quílogram)
kilómetro **kilometer** (quilómeter)
la **the** (di)
labio **lip** (lip)
labor **labor** (léibor)
laboratorio **laboratory** (laboratóri)
laca **lacquer** (láquer)
lado **side** (sáid)
ladrar **to bark** (tu bark)
ladrillo **brick** (brik)
ladrón **thief** (zif)
lago **lake** (léik)
lágrima **tear** (tíar)
lámpara **lamp** (lamp)
lana **wool** (úul)
lancha **boat** (bóut)
langosta **lobster** (lóbster)
lanzar **to throw** (tu zróu)
lápiz **pencil** (pénsil)
largo **long** (long)
largura **length** (lenz)
las **the** (di)
lástima **pity** (píti)
lastimar **to hurt** (tu jert)
lata **can** (can)
lateral **lateral** (láteral)
latido **palpitation** (palpitéichion)
látigo **whip** (uíp)
latino **latin** (látin)
latir **to beat** (tu bit)
latón **brass** (bras)
lavable **washable** (uáchabol)
lavabo **lavatory** (lavatóri)
lavandería **laundry** (lóndri)
leal **loyal** (lóllal)
lección **lesson** (léson)
lector **reader** (ríder)

43

lectura **reading** (ríding)
leche **milk** (milk)
lechería **dairy** (déiri)
lechuga **lettuce** (létus)
lechuza **owl** (ául)
lejano **distant** (dístant)
lejos **far away** (far-auéi)
lenguaje **language** (lán-uéich)
lente **lens** (lens)
lento **slow** (eslóu)
lesión **injury** (ínlluri)
levantar **to lift** (tu lift)
ley **law** (lo)
libra **pound** (páond)
libreta **notebook** (noutbúk)
librería **bookstore** (bukestóar)
librero **bookcase** (bukquéis)
libro **book** (buk)
ligar **to bind** (tu báind)
ligero **light** (láit)
lima **file** (fáil)
límite **limit** (límit)
limón **lemon** (lémon)
limpiar **to clean** (tu clin)
limpio **clean** (clin)
lindo **pretty** (príti)
línea **line** (láin)
linterna **flash light** (flach láit)
lista **list** (list)
listo **ready** (rédi)
lodo **mud** (mod)
lógico **logical** (lóllical)
lubricar **to oil** (tu óil)
luego **soon** (sun)
lugar **place** (pléis)
luna **moon** (mun)
luz **light** (láit)
llama **flame** (fléim)
llamada **call** (col)

44

llana **mason's trowel** (méison tráuel)
llano **plain** (pléin)
llave **key** (quí)
llavero **key ring** (ki ring)
llegada **arrival** (arráival)
llegar **to arrive** (tu arráiv)
llenar **to fill** (tu fil)
lleno **full** (ful)
llevar **to carry** (tu cárri)
llorar **to cry** (tu crái)
lluvia **rain** (réin)
maceta **flowerpot** (fláuerpot)
macizo **solid** (sólid)
machacar **to pound** (tu páond)
macho **male** (méil)
madera **wood** (úuud)
madero **beam** (bim)
madre **mother** (móder)
madrina **godmother** (godmóder)
madurar **to ripen** (tu ráipen)
maduro **ripe** (ráip)
maestro **teacher** (tícher)
magnífico **splendid** (espléndid)
mago **magician** (mallíchian)
magro **lean** (lin)
maíz **corn** (corn)
mal **wrong** (rong)
malbaratar **to undersell** (tu ondersél)
maleante **crook** (cruk)
malestar **indisposition** (indisposíchion)
maleta **suitcase** (sutquéis)
malo **bad** (bad)
malta **malt** (molt)
maltrato **abuse** (abiús)
malla **mesh** (mech)
malpagar **to underpay** (tu onderpéi)
maltrato **mistreatment** (mistrítment)
mampara **screen** (escrín)
mampostería **masonry** (méisonri)

M

mancha **spot** (espót)
manchar **to stain** (tu estéin)
mandar **to send** (tu send)
mandón **bossy** (bósi)
manejar **to drive** (tu dráif)
manera **way** (úei)
manga **sleeve** (eslív)
mango **handle** (jándel)
manguera **hose** (jóus)
maní **peanut** (pínot)
manija **handle** (jándel)
manilla **bracelet** (bréislet)
maniobra **maneuver** (manúver)
manivela **crank** (crank)
mano **hand** (jand)
manta **blanket** (blánquet)
manteca **lard** (lard)
mantel **tablecloth** (téibolcloz)
mantenimiento **maintenance** (méintenans)
mantequilla **butter** (bóter)
manual **manual** (mánual)
manubrio **handle** (jándel)
manzana **apple** (ápel)
mañana **morning** (mórning)
mañana **tomorrow** (tumórou)
mapa **map** (map)
máquina **machine** (machín)
maquinaria **machinery** (machíneri)
maquinista **engineer** (enllíníar)
mar **sea** (si)
maraña **tangle** (tánguel)
marca **mark** (mark)
marco **frame** (fréim)
marea **tide** (táid)
mareo **seasickness** (sisíknes)
margarita **daisy** (déisi)
margen **margin** (márllin)
marido **husband** (jósband)
marinero **sailor** (séilor)

46

mariposa **butterfly** (bóterflai)
mármol **marble** (márbel)
martes **Tuesday** (tíusdei)
martillo **hammer** (jámer)
marzo **March** (march)
más **more** (móar)
masa **mass** (mass)
máscara **mask** (mask)
masculino **masculine** (másquiulin)
mata **plant** (plant)
matar **to kill** (tu quíl)
materia **matter** (máter)
material **material** (matírial)
matrícula **register** (réllister)
matrimonio **marriage** (márriech)
matriz **matrix** (méitrix)
máximo **maximum** (máximum)
mayo **May** (méi)
mayonesa **mayonnaise** (méioneis)
mayor **greater** (gréiter)
mayordomo **butler** (bótler)
mayoreo **wholesale** (joulséil)
mazo **mallet** (málet)
mecánico **mechanic** (mecánic)
mecanismo **mechanism** (mecanísm)
mecanógrafo **typist** (táipist)
mecate **rope** (róup)
mecer **to swing** (tu suíng)
mecha **wick** (uík)
media **sock** (sok)
mediano **medium** (mídium)
medianoche **midnight** (midnáit)
medicina **medicine** (médicin)
médico **doctor** (dóktor)
medida **measure** (méchur)
medio **half** (jaf)
mediodía **noon** (núun)
medir **to measure** (tu méchur)
mejilla **cheek** (chíik)

mejor **better** (bérer)
melocotón **peach** (pich)
melodía **melody** (mélodi)
mella **nick** (nik)
memoria **memory** (mémori)
menear **to shake** (tu chéik)
menor **smaller** (esmóler)
menos **less** (les)
mensaje **message** (mésach)
mensajero **messenger** (mésenller)
mensual **monthly** (mónzli)
menta **mint** (mint)
mental **mental** (méntal)
mente **mind** (máind)
mentir **to lie** (tu lái)
mentira **lie** (lái)
mentiroso **liar** (láier)
menú **menu** (méniu)
mercado **market** (márquet)
mercancía **merchandise** (merchandáis)
mercurio **mercury** (mércuri)
merecer **to deserve** (tu disérv)
mérito **merit** (mérit)
merma **reduction** (redókchion)
mes **month** (monz)
mesa **table** (téibol)
meta **goal** (góul)
metal **metal** (métal)
meter **to insert** (tu insért)
método **method** (mézod)
métrico **metric** (métric)
metro **meter** (míter)
mezcla **mixture** (míxchur)
mezclar **to mix** (tu mix)
mi **my** (mái)
miedo **fear** (fíar)
miel **honey** (jóni)
mientras **while** (juáil)
miércoles **Wednesday** (uénsdei)

miga **crumb** (cromb)
milagro **miracle** (míraquel)
milla **mile** (máil)
millar **thousand** (záusand)
millón **million** (mílion)
mimbre **wicker** (uíquer)
mina **mine** (máin)
mínimo **minimum** (mínimun)
minoría **minority** (mainóriti)
minuto **minute** (mínut)
mío **mine** (máin)
miope **shortsighted** (chortsáited)
mirada **look** (lúuk)
mirar **to look** (tu lúuk)
misa **mass** (mass)
miseria **misery** (míseri)
misión **mission** (míchion)
mismo **same** (séim)
misterio **mistery** (místeri)
mitad **half** (jaf)
mixto **mixed** (mixd)
moda **fashion** (fáchion)
modelo **model** (módel)
moderno **modern** (módern)
modo **mode** (móud)
moho **mold** (móuld)
mojado **wet** (uét)
molde **mold** (móuld)
moldura **moulding** (móulding)
moler **to grind** (tu gráind)
molestia **bother** (bóder)
molino **mill** (mil)
momento **moment** (móment)
mondar **to peel** (tu pil)
moneda **coin** (cóin)
monja **nun** (non)
mono **monkey** (mónqui)
montaje **assembly** (asémbli)
montar **to ride** (tu ráid)

49

montón **pile** (páil)
morado **purple** (pérpel)
moral **moral** (móral)
morder **to bite** (tu báit)
mordida **bite** (báit)
morir **to die** (tu dái)
mosca **fly** (flái)
mosquito **mosquito** (mosquíro)
mostaza **mustard** (móstard)
mostrador **counter** (cáonter)
mostrar **to show** (tu chóu)
motivo **motive** (mótif)
motor **motor** (mótor)
mover **to move** (tu muf)
mucho **much** (moch)
mudar **to move** (tu muf)
mueble **furniture** (férnichur)
muela **molar tooth** (mólar tuz)
muelle **spring** (espríng)
muerte **death** (dez)
muerto **dead** (ded)
muesca **notch** (notch)
muestra **sample** (sámpel)
mugre **dirt** (dert)
mujer **woman** (gúman)
mula **mule** (míul)
muleta **crutch** (crotch)
multa **fine** (fáin)
multiplicar **to multiply** (tu moltiplái)
multitud **crowd** (cráud)
mundo **world** (uérld)
muñeca **doll** (dol)
muro **wall** (uól)
músculo **muscle** (mósel)
museo **museum** (miusíum)
música **music** (miúsic)
muslo **thigh** (záig)
mutuo **mutual** (miútual)
muy **very** (véri)

nabo **turnip** (térníp)
nacer **to be born** (tu bi born)
nacimiento **birth** (berz)
nación **nation** (néichion)
nacionalidad **nationality** (nachionáliti)
nada **nothing** (nózing)
nadar **to swim** (tu suím)
nadie **nobody** (noubódi)
naranja **orange** (óranch)
nariz **nose** (nóus)
nata **cream** (crim)
natilla **custard** (cóstard)
natural **natural** (nátural)
náusea **nausea** (nósea)
navaja **pocketknife** (poquetnáif)
navidad **Christmas** (crístmas)
neblina **fog** (fog)
necesario **necessary** (necesári)
negar **to deny** (tu dinái)
negativa **refusal** (rifiúsal)
negativo **negative** (négatif)
negociar **to negotiate** (tu negochiéit)
negocio **business** (bísnis)
negro **black** (blak)
nervio **nerve** (nerv)
neto **net** (net)
neumático **tire** (táiar)
neutro **neutral** (niútral)
nevera **icebox** (aisbóx)
ni **neither** (níder)
nieto **grandson** (grandsón)
nieve **snow** (esnóu)
ninguno **no one** (no uán)
niña **girl** (guérl)
niño **boy** (bói)
nítido **clear** (clíar)
nivel **level** (lével)
no **no** (no)
noche **night** (náit)

51

nombre **name** (néim)
normal **normal** (nórmal)
norte **north** (norz)
nota **note** (nóut)
noticia **notice** (nótiz)
nube **cloud** (cláud)
nublado **cloudy** (cláudi)
nudo **knot** (not)
nuevo **new** (niú)
nulo **void** (vóid)
número **number** (nómber)
nunca **never** (néver)
nutrir **to nourish** (tu nóurich)
o **or** (or)
obedecer **to obey** (tu obéi)
objeto **object** (óbllect)
oblea **wafer** (uéifer)
obligación **duty** (diúti)
obra **work** (uérk)
obrero **worker** (uérquer)
obscuro **dark** (dark)
obsequio **gift** (guíft)
observar **to watch** (tu uátch)
obstáculo **obstacle** (óbstaquel)
obstrucción **obstruction** (obstrókchion)
obtener **to get** (tu guét)
obtenible **available** (avéilabol)
ocasión **occasion** (oquéichion)
ocaso **sunset** (sónset)
octubre **October** (octóber)
oculto **hidden** (jíden)
ocupar **to occupy** (tu óquiupai)
ocurrir **to occur** (tu oquér)
oeste **west** (uést)
ofender **to offend** (tu ofénd)
oferta **offer** (ófer)
oficina **office** (ófiz)
ofrecer **to offer** (tu ófer)
oído **ear** (íar)

52

ojo **eye** (ái)
ola **wave** (uéiv)
oler **to smell** (tu esmél)
olor **smell** (esmél)
olvidar **to forget** (tu forguét)
olla **pot** (pot)
omitir **to omit** (tu omít)
onda **wave** (uéiv)
operador **operator** (operéitor)
opinión **opinion** (opínion)
oportunidad **opportunity** (oportiúniti)
orden **order** (órder)
ordenar **to arrange** (tu arréinch)
oreja **ear** (íar)
órgano **organ** (órgan)
orgullo **pride** (práid)
orillar **to border** (tu bórder)
oro **gold** (gold)
otoño **fall** (fol)
otro **another** (anóder)
oxidado **rusty** (rósti)
paciencia **patience** (péichiens)
paciente **patient** (péichient)
pacto **agreement** (agríment)
padecer **to suffer** (tu sófer)
padre **father** (fáder)
padrino **godfather** (godfáder)
pagado **paid** (péid)
pagar **to pay** (tu péi)
página **page** (péich)
pago **payment** (péiment)
país **country** (cóntri)
paisaje **landscape** (land-esquéip)
paja **straw** (estró)
pájaro **bird** (berd)
pala **shovel** (chóvel)
palabra **word** (uérd)
paladar **taste** (téist)
palanca **lever** (léver)

palangana **basin** (béisin)
pálido **pale** (péil)
palillo **toothpick** (túzpick)
paliza **beating** (bíting)
palma **palm tree** (palm tri)
palo **stick** (estík)
paloma **dove** (dóuf)
pan **bread** (bred)
panadería **bakery** (béiqueri)
panadero **baker** (béiquer)
panal **honeycomb** (jónicomb)
pandeo **sag** (sag)
pandilla **gang** (gang)
pánico **panic** (pánic)
panqué **cup cake** (cop quéik)
pantalón **pants** (pants)
pantalla **screen** (escrín)
pantano **swamp** (suámp)
pañal **diaper** (dáiper)
paño **cloth** (clóz)
pañuelo **handkerchief** (jánquerchif)
papel **paper** (péiper)
papera **mums** (moms)
paquete **package** (páqueich)
par **pair** (péar)
para **for** (for)
parabrisa **windshield** (uínchild)
parada **stop** (estóp)
paraguas **umbrella** (ombréla)
paraíso **paradise** (paradáis)
paralelo **parallel** (páralel)
parálisis **paralysis** (parálisis)
parar **to stop** (tu estóp)
pararrayos **lightning rod** (láitning rod)
parcial **partial** (párchial)
parche **mending patch** (ménding patch)
pardo **brown** (bráon)
parecer **to seem** (tu sim)
parecido **alike** (aláik)

pared **wall** (uól)
pareja **couple** (cópel)
parejo **even** (íven)
pariente **relative** (rélatif)
parir **to give birth** (tu guff berz)
parpadear **to wink** (tu uínk)
párpado **eyelid** (áilid)
parque **park** (park)
parquear **to park** (tu park)
parrilla **grill** (gril)
párroco **parrish priest** (párrich prist)
parte **part** (part)
partición **partition** (partíchion)
partícula **particle** (pártiquel)
particular **particular** (partíquiular)
partida **departure** (dipárchur)
partido **party** (pári)
partir **to split** (tu esplít)
parto **delivery** (delíveri)
pasa **raisin** (réisin)
pasado **past** (past)
pasaje **fare** (féar)
pasajero **passenger** (pásenller)
pasamano **hand rail** (jand réil)
pasaporte **passport** (pásport)
pasar **to pass** (tu pas)
pase **pass** (pas)
pasillo **hallway** (jol-uéi)
pasivo **passive** (pásiv)
paso **step** (estép)
pasta **paste** (péist)
pastel **pie** (pái)
pastelería **pastry** (péistri)
pastilla **tablet** (táblet)
pata **foot** (fut)
patada **kick** (quík)
patata **potato** (potéiro)
patente **patent** (pátent)
patín **skate** (esquéit)

patio **patio** (pário)
pato **duck** (dok)
patria **fatherland** (fáderland)
patrón **boss** (bos)
pausa **pause** (pos)
pauta **norm** (norm)
pavo **turkey** (térqui)
payaso **clown** (cláon)
paz **peace** (piís)
peaje **toll** (tol)
peatón **pedestrian** (pedéstrian)
peca **freckle** (fréquel)
pecado **sin** (sin)
pecera **fish bowl** (fich bóul)
pecho **chest** (chest)
pechuga **breast** (brest)
pedal **pedal** (pédal)
pedazo **piece** (piz)
pedido **order** (órder)
pedir **to ask** (tu ask)
pegar **to hit** (tu jit)
peinado **hairdo** (jéardu)
peine **comb** (comb)
pelar **to cut the hair** (tu cot di jéar)
peldaño **step** (estép)
pelea **fight** (fáit)
peletería **shoe store** (chu estóar)
película **film** (film)
peligro **danger** (dénller)
pelirrojo **redheaded** (redjéded)
pelo **hair** (jéar)
pelota **ball** (bol)
peluca **wig** (uíg)
peludo **hairy** (jéri)
peluquero **hairdesser** (jéardreser)
pellejo **skin** (esquín)
pellizcar **to pinch** (tu pinch)
pena **grief** (grif)
penar **to suffer** (tu sófer)

penoso **painful** (péinful)
pensar **to think** (tu zink)
peor **worse** (uérs)
pepino **cucumber** (quiúcomber)
pequeño **small** (esmól)
pera **pear** (péar)
perder **to lose** (tu lus)
pérdida **loss** (los)
perdido **lost** (lost)
perdón **pardon** (párdon)
perejil **parsley** (parsli)
perfecto **perfect** (pérfect)
perfil **profile** (profáil)
perforar **to perforate** (tu pérforeit)
perfume **perfume** (pérfium)
perilla **knob** (nob)
periódico **newspaper** (niuspéiper)
período **period** (píriod)
perito **expert** (éxpert)
perjuicio **damage** (dámach)
perla **pearl** (perl)
permiso **permit** (pérmit)
perno **bolt** (bolt)
pero **but** (bot)
perrera **kennel** (quénel)
perro **dog** (dog)
perseguir **to pursue** (tu persú)
persiana **shade** (chéid)
persona **person** (pérson)
personal **personal** (pérsonal)
pertenecer **to belong** (tu bilóng)
pesa **weight** (uéit)
pesado **heavy** (jévi)
pesar **to weigh** (tu uéi)
pescar **to fish** (tu fich)
pescadería **fish market** (fich márquet)
pescado **fish** (fich)
pésimo **very bad** (véri bad)
pestaña **eyelash** (ailách)

peste **pest** (pest)
pestillo **bolt** (bolt)
pétalo **petal** (pétal)
petición **request** (ricuést)
petróleo **petroleum** (petróleum)
picante **spicy** (espáisi)
picar **to bite** (tu báit)
pico **beak** (bik)
pie **foot** (fut)
piedra **stone** (estóun)
piel **skin** (esquín)
pierna **leg** (leg)
pieza **part** (part)
pila **pile** (páil)
pilar **column** (cólum)
píldora **pill** (pil)
pimienta **black pepper** (blak péper)
pino **pine** (páin)
pintar **to paint** (tu péint)
pintor **painter** (péinter)
pintura **paint** (péint)
pinzas **pliers** (pláiers)
piña **pineapple** (painápel)
pisar **to step** (tu estép)
piso **floor** (flóar)
pista **track** (trak)
pistón **piston** (píston)
placa **plate** (pléit)
plan **plan** (plan)
planchar **to iron** (tu áiron)
plano **flat** (flat)
planta **plant** (plant)
plata **silver** (sílver)
plátano **banana** (banána)
plato **plate** (pléit)
playa **beach** (bich)
plazo **term** (term)
plegar **to fold** (tu fold)
pliegue **fold** (fold)

plomada **plumb** (plomb)
plomero **plumber** (plómer)
plomo **lead** (led)
pluma **feather** (féder)
pobre **poor** (púar)
poco **little** (lítel)
podrido **rotten** (róten)
policía **police** (polís)
póliza **policy** (pólisi)
polvo **dust** (dost)
poner **to put** (tu put)
por **by** (bái)
porque **because** (bicós)
portar **to carry** (tu cárri)
poseer **to own** (tu óun)
posible **possible** (pósibel)
postre **dessert** (disért)
potente **powerful** (páuerful)
pozo **well** (uél)
práctica **practice** (práctis)
precio **price** (práis)
precisión **precision** (presíchion)
preferir **to prefer** (tu prifér)
pregunta **question** (cuéstion)
premio **prize** (práiz)
prensa **press** (pres)
presencia **presence** (présens)
presentar **to present** (tu presént)
presente **present** (présent)
préstamo **loan** (lóan)
pretexto **pretext** (pritéxt)
primario **primary** (práimari)
primavera **spring** (espríng)
primero **first** (ferst)
primo **cousin** (cósin)
principal **principal** (prínsipal)
privado **private** (práivat)
privilegio **privilege** (prívilech)
probar **to taste** (tu téist)

problema **problem** (próblem)
proceso **process** (prócess)
producir **to produce** (tu prodúz)
producto **product** (próduct)
profesor **teacher** (tícher)
profundo **deep** (dip)
pronto **quick** (cuík)
propiedad **property** (próperti)
propina **tip** (tip)
protector **protector** (protéctor)
próximo **next** (next)
prueba **test** (test)
púa **barb** (barb)
público **public** (públic)
pueblo **town** (táon)
puente **bridge** (bridch)
puerta **door** (dóar)
puerto **port** (port)
pulgada **inch** (inch)
pulso **pulse** (pols)
punta **point** (póint)
puntada **stitch** (estítch)
punto **point** (póint)
puro **pure** (píur)
qué **what?** (juát)

quebrado **broken** (bróquen)
quedar **to stay** (tu estéi)
quedo **quiet** (cuáiat)
queja **complaint** (compléint)
quemadura **burn** (bern)
querer **to want** (tu uónt)
queso **cheese** (chis)
quiebra **crack** (crak)
quien **who** (ju)
quieto **quiet** (cuáiat)
quince **fifteen** (fíftin)
quitar **to take away** (tu téik euéi)
quizá **maybe** (méibi)
rábano **radish** (rádich)

60

rabo **tail** (téil)
ración **ration** (réichion)
radiador **radiator** (reidiéitor)
radical **radical** (rádical)
radio **radio** (réidiou)
raíz **root** (rut)
raja **slice** (esláis)
rajadura **crack** (crak)
rajar **to split** (tu esplít)
rallar **to grate** (tu gréit)
rama **branch** (branch)
ramo **bunch** (bonch)
rana **frog** (frog)
ranura **groove** (gruf)
raro **rare** (réar)
ras **flush** (floch)
raspar **to scrape** (tu escréip)
rastrillo **rake** (réik)
rastro **track** (track)
rata **rat** (rat)
rato **short time** (chort táim)
raya **line** (láin)
raza **race** (réiz)
razón **reason** (ríson)
real **real** (ríal)
rebaja **discount** (discáont)
rebote **rebound** (ribáond)
recado **message** (mésech)
recalentar **reheat** (rijít)
recibir **to receive** (tu risív)
recibo **receipt** (ricít)
recién **recent** (rícent)
reclamo **claim** (cléim)
recoger **to pick up** (tu pik op)
recontar **to recount** (tu ricáont)
recomendar **to recommend** (tu récomend)
recordar **to remember** (tu rimémber)
recto **straight** (estréit)
redondo **round** (ráond)

reducir **to reduce** (tu ridiús)
referir **to refer** (tu rifér)
regalar **to give** (tu guíf)
regalo **gift** (guíft)
regar **to water** (tu uórer)
regla **rule** (rul)
reglamento **rules** (ruls)
regreso **return** (ritérn)
regulador **regulator** (reguléitor)
reír **to laugh** (tu laf)
relación **relation** (riléichion)
reloj (de pared)**clock** (clok)
reloj (de muñeca) **watch** (uátch)
rellenar **to refill** (tu refíl)
relleno **filling** (fíling)
remedio **remedy** (rémedi)
remitir **to send** (tu send)
remojar **to soak** (tu sóuk)
remolque **tow** (tóu)
renta **rent** (rent)
renunciar **to resign** (tu risáin)
reparar **to repair** (tu ripéar)
requerir **to require** (tu ricuáiar)
resbalar **to slide** (tu esláid)
residencia **residence** (résidens)
respirar **to breathe** (tu briz)
respuesta **answer** (ánser)
restar **to subtract** (tu sobtráct)
resto **rest** (rest)
retar **to challenge** (tu chálench)
retener **to retain** (tu ritéin)
retocar **to touch up** (tu toch op)
retraso **delay** (diléi)
reunión **meeting** (míting)
revés **reverse** (rivérs)
revisar **to review** (tu riviú)
riel **rail** (réil)
riesgo **risk** (risk)
rígido **rigid** (ríllid)

62

risa **laugh** (laf)
rizo **curl** (quérl)
robo **theft** (zeft)
rociar **to sprinkle** (tu esprínquel)
rodillo **roller** (róler)
rojo **red** (red)
romper **to break** (tu bréik)
ropa **clothes** (clóus)
rosca **thread** (zred)
roto **broken** (bróuquen)
rozar **to scrape** (tu escréip)
rueda **wheel** (juíl)
ruido **noise** (nóis)
ruta **route** (ráut)
rutina **routine** (rutín)
sábado **Saturday** (sáturdei)
sábana **bed sheet** (bed chíid)
saber **to know** (tu nóu)
sabiduría **wisdom** (uísdom)
sacacorchos **corkscrew** (corkescrú)
sacar **to draw** (tu dró)
sacerdote **priest** (prist)
saco **bag** (bag)
sacudir **to shake** (tu chéik)
sagrado **sacred** (séicred)
sal **salt** (solt)
salado **salty** (sólti)
salario **salary** (sálari)
saldo **balance** (bálans)
salida **exit** (éxit)
salir **to go out** (tu go áut)
saliva **saliva** (saláiva)
salón **hall** (jol)
salsa **sauce** (soz)
salpicar **to spatter** (tu espáter)
saltar **to jump** (tu llomp)
salto **jump** (llomp)
salud **health** (gelz)
salvar **to save** (tu séiv)

S

sanar **to heal** (tu jil)
sandía **watermelon** (uormélon)
sangrar **to bleed** (tu blíid)
sano **healthy** (gélzi)
sarampión **measles** (mísels)
sardina **sardine** (sardín)
sartén **frying pan** (fráilling pen)
satisfecho **satisfied** (satisfáid)
sebo **fat** (fat)
secar **to dry** (tu drái)
sed **thirst** (zerst)
seda **silk** (silk)
segundo **second** (sécond)
seguro **secure** (sequíur)
sello **stamp** (estámp)
semana **week** (uík)
sencillo **simple** (símpol)
sentar **to seat** (tu sit)
sentir **to feel** (tu fil)
señal **sign** (sáin)
señor **mister** (míster)
señora **lady** (léidi)
señorita **miss** (miss)
serrucho **handsaw** (jandsó)
servir **to serve** (tu serv)
sesenta **sixty** (síxti)
si **if** (if)
sí **yes** (lles)
sierra **saw** (só)
siete **seven** (séven)
silencio **silence** (sáilens)
siglo **century** (cénturi)
silla **chair** (chéar)
simple **simple** (símpol)
sincero **sincere** (sincíar)
singular **singular** (síngular)
siquiera **at least** (at list)
sitio **site** (sáit)
sobaco **armpit** (armpit)

64

sobre **over** (óver)
socorro **help** (jelp)
soga **rope** (róup)
sol **sun** (son)
soldar **to weld** (tu uéld)
solicitud **solicitude** (solísitud)
solo **only** (ónli)
soltar **to loosen** (tu lúsen)
solución **solution** (solúchion)
sombra **shadow** (chádou)
sonido **sound** (sáond)
soplar **to blow** (tu blóu)
sordo **deaf** (def)
suave **soft** (soft)
suceder **to happen** (tu jápen)
suceso **event** (ivént)
suelto **loose** (lúus)
sugerencia **suggestion** (solléstion)
superficie **surface** (sérfas)
sur **south** (sáuz)
suyo **yours** (llúars)
tabaco **cigar** (cigár)
taberna **bar** (bar)
tabla **board** (bóard)
tablero **board** (bóard)
tableta **tablet** (táblet)
tablón **plank** (plank)
tacaño **stingy** (estínlli)
tacón **heel** (jil)
tacto **touch** (toch)
tachuela **tack** (tak)
tajada **slice** (esláis)
tal **such** (soch)
taladro **drill** (dril)
tallar **to carve** (tu carv)
taller **shop** (chop)
tallo **stem** (estém)
tamaño **size** (sáiz)
también **also** (ólso)

T

65

tambor **drum** (drom)
tan **so** (so)
tanque **tank** (tank)
tanto **so much** (so moch)
tapa **cover** (cóver)
tapar **to cover** (tu cóver)
tapicería **upholstery** (opjólsteri)
tapón **plug** (plog)
taquilla **box office** (box ófis)
tarde **late** (léit)
tardío **late** (léit)
tarjeta **card** (card)
te **tea** (ti)
techo **roof** (ruf)
tecla **key** (quí)
técnica **technique** (tecník)
teja **tile** (táil)
tela **cloth** (cloz)
teléfono **telephone** (télefon)
televisión **television** (televíchion)
temperatura **temperature** (témperachur)
temprano **early** (érli)
tener **to have** (tu jav)
tercero **third** (zerd)
tercio **third** (zerd)
terreno **field** (fild)
testigo **witness** (uítnes)
texto **text** (text)
tía **aunt** (ont)
tiempo **time** (táim)
tijera **scissors** (sísors)
timbre **bell** (bel)
tinta **ink** (ink)
tintorería **cleaner's** (clíners)
tío **uncle** (ónquel)
tocar **to touch** (tu toch)
todavía **still** (estíl)
todo **all** (ol)
tomar **to take** (tu téik)

66

torcer **to twist** (tu tuíst)
tornillo **screw** (escrú)
tostada **toast** (tóust)
trabajo **work** (uérk)
traer **to bring** (tu bring)
tráfico **traffic** (tráfic)
traje **suit** (sut)
transferir **to transfer** (tu tránsfer)
trapear **to mop** (tu mop)
trapo **rag** (rag)
tras **after** (áfter)
trasero **rear** (ríar)
trece **thirteen** (zértiin)
tres **three** (zri)
triste **sad** (sad)
tubería **piping** (páipin)
tubo **pipe** (páip)
tuerca **nut** (not)
tupido **clogged** (clogd)
turbio **muddy** (módi)
turno **turn** (tern)
tuyo **yours** (yúars)
ubicar **to locate** (tu loquéit)
último **last** (last)
único **only** (ónli)
un **a** (e)
unidad **unit** (iúnit)
unir **to join** (tu llóin)
uña **nail** (néil)
usado **used** (iúsd)
usar **to use** (tu iús)
uso **use** (iús)
usted **you** (yu)
utensilio **tool** (tul)
útil **useful** (iúsful)
utilidad **profit** (prófit)
utilizar **to use** (tu iús)
uva **grape** (gréip)
vacación **vacation** (vaquéichion)

U

V

vacante **vacant** (veícant)
vaciar **to empty** (tu émpti)
vacío **empty** (émpti)
vacuna **vaccine** (vacsín)
valentía **courage** (córech)
válido **valid** (válid)
valiente **brave** (bréiv)
valor **value** (váliu)
válvula **valve** (valv)
vano **vain** (véin)
vapor **steam** (estím)
vara **stick** (estík)
variar **to change** (tu chéinch)
vaso **glass** (glas)
vecino **neighbor** (néibor)
vegetal **vegetable** (véchtebol)
vehículo **vehicle** (véijiquel)
veinte **twenty** (tuénti)
vejiga **bladder** (bláder)
vela **candle** (cándel)
velocidad **velocity** (velósiti)
vena **vein** (véin)
vender **to sell** (tu sel)
veneno **poison** (póison)
venir **to come** (tu com)
venta **sale** (séil)
ventana **window** (uíndou)
ventaja **advantage** (advánteich)
ventilar **to ventilate** (tu véntileit)
ver **to see** (tu síi)
verano **summer** (sómer)
verdad **truth** (truz)
verde **green** (grin)
verter **to pour** (tu púar)
vestido **dress** (dres)
veta **vein** (véin)
vez **time** (táim)
vía **way** (uéi)
viajar **to travel** (tu trável)

68

viaje **trip** (trip)
vida **life** (láif)
vidrio **glass** (glas)
viento **wind** (uínd)
viejo **old** (old)
viga **beam** (bim)
vigente **effective** (iféctiv)
vigilante **watchman** (uátchman)
vino **wine** (uáin)
violeta **violet** (váiolet)
virar **to turn** (tu tern)
viruela **smallpox** (esmólpox)
visión **sight** (sáit)
visita **visit** (vísit)
vital **vital** (váital)
viuda **widow** (uídou)
vivo **alive** (aláif)
volver **to return** (tu ritérn)
voltaje **voltage** (vóltach)
voto **vote** (vóut)
voz **voice** (vóis)
vuelta **turn** (tern)
y **and** (and)
ya **already** (olrédi)
yarda **yard** (llard)
yeso **gypsum** (llipsum)
zafar **to release** (tu rilís)
zanco **stilt** (estílt)
zanja **ditch** (ditch)
zapatería **shoe store** (chú estóar)
zapatero **shoemaker** (chúmeiker)
zapato **shoe** (chu)
zona **zone** (zóun)
zorro **fox** (fox)
zumbido **buzzing** (bóssing)
zumo **juice** (lluz)
zurcido **darn** (darn)
zurzir **to darn** (tu darn)
zurdo **left handed** (left jánded)